Coleção Astrologia Contemporânea

A Astrologia, como linguagem simbólica que é, deve sempre ser recriada e adaptada aos fatos atuais que pretende refletir.

A coleção ASTROLOGIA CONTEMPORÂNEA pretende trazer, na medida do possível, os autores que mais têm se destacado na busca de uma leitura clara e atual dos mapas astrológicos.

Dados Internacionais de Catalogação na Publicação (CIP)
(Câmara Brasileira do Livro, SP, Brasil)

Wickenburg, Joanne, 1944-
A espiral da vida / Joanne Wickenburg, Virginia Meyer [tradução Denise Maria Bolanho]. São Paulo : Ágora, 1990.
(Coleção Astrologia Contemporânea)

Bibliografia.
ISBN 978-85-7183-047-9

1. Astrologia I. Meyer, Virginia, 1927- II. Título. III. Série.

90-0283   CDD-133.5

Índice para catálogo sistemático:

1. Astrologia 133.5

Compre em lugar de fotocopiar.
Cada real que você dá por um livro recompensa seus autores
e os convida a produzir mais sobre o tema;
incentiva seus editores a encomendar, traduzir e publicar
outras obras sobre o assunto;
e paga aos livreiros por estocar e levar até você livros
para a sua informação e o seu entretenimento.
Cada real que você dá pela fotocópia não autorizada de um livro
financia o crime
e ajuda a matar a produção intelectual de seu país.

A ESPIRAL DA VIDA

Revelando seu potencial com a astrologia

Joanne Wickenburg & Virginia Meyer

Do original em língua inglesa
THE SPIRAL OF LIFE
Copyright © 1987 by Joanne Wickenburg & Virginia Meyer
Direitos para a língua portuguesa adquiridos
por Summus Editorial

Direção da coleção: **Fauzi Arap**
Tradução: **Denise Maria Bolanho**
Capa: **Ruth Klotzel**

2ª edição

Editora Ágora
Departamento editorial:
Rua Itapicuru, 613 – 7º andar
05006-000 – São Paulo – SP
Fone: (11) 3872-3322
Fax: (11) 3872-7476
http://www.editoraagora.com.br
e-mail: agora@editoraagora.com.br

Atendimento ao consumidor:
Summus Editorial
Fone: (11) 3865-9890

Vendas por atacado:
Fone: (11) 3873-8638
Fax: (11) 3873-7085
e-mail: vendas@summus.com.br

Impresso no Brasil

ÍNDICE

Quem é Você? 9

1. Juntando as Peças 11

2. Em Direção a Uma Consciência Mais Ampla 15

3. Os Planetas 19
   O Sol— 19, A Lua— 19, O Ascendente— 20,
   Mercúrio— 20, Vênus— 20, Marte— 21,
   Júpiter— 21, Saturno— 22, Urano— 23,
   Netuno— 23, Plutão— 23

4. Fases dos Planetas 25
   As oito fases— 27, Como encontrar as Fases—
   27, Círculo das Fases— 29,

5. Relações Fase-Aspecto 31
   A Metade Crescente do Ciclo— 32, A Metade
   Minguante do Ciclo— 32, A Fase Nova— 33,
   A Fase Crescente— 34, A Fase do Quarto
   Crescente— 36, A Fase Convexa— 36,
   A Fase Cheia— 38, A Fase Disseminante— 39,
   A Fase do Quarto Minguante— 40, A Fase
   Balsâmica— 41

6. Partes Arábicas 45
   O significado das partes— 47, Outras
   interessantes partes de expressão— 49, Outras
   tradicionais partes arábicas— 49

7. Os Nódulos 51
   Os nódulos e a Fase da Lua— 52, Os nódulos
   em aspecto com Planetas— 53

8. Eclipses 55
   O eclipse da Lua Nova— 56, O eclipse da Lua
   Nova em Progressão— 56, O eclipse da Lua
   Cheia— 57, O eclipse da Lua Cheia em
   Progressão— 58

9. A Espiral da Vida 59
   Espiral de Signos e Casas— 59

10. Áries, Marte & a Primeira Casa 61
    Planetas em Áries— 63, Marte— 64, Marte
    Retrógrado— 65, A Primeira Casa— 65,
    Aspectos com o Ascendente— 66

11. Touro, Vênus & a Segunda Casa 69
Vênus— 70, Vênus Retrógrado— 70, A relação
Marte-Vênus— 70, Fases de Vênus com Marte—
72, A Segunda Casa— 74
12. Gêmeos, Mercúrio & a Terceira Casa 75
Mercúrio— 76, Mercúrio em relação a outros
Planetas— 77, A Terceira Casa— 78
13. Câncer, Lua & a Quarta Casa 83
A Lua— 84, A Quarta Casa— 85, Construindo
bases: Signos na cúspide da Quarta Casa— 86
14. Leão, Sol & a Quinta Casa 91
O Sol— 92, Leão na Cúspide da Décima Segunda
Casa— 94, A Quinta Casa— 95
15. Virgem, Mercúrio & a Sexta Casa 97
Virgem através das Casas— 99, Mercúrio e a
mente de Mercúrio Retrógrado— 103, A relação
Mercúrio-Sol— 103, A sexta Casa— 104
16. Libra, Vênus & a Sétima Casa 107
Vênus— 108, Vênus Retrógrado— 108,
Vênus no Mapa (Signo pessoal ou de Grupo;
Acima ou Abaixo do Horizonte)— 109,
A Sétima Casa— 110
17. Escorpião, Marte, Plutão & a Oitava Casa 113
A relação Plutão-Marte— 114, Marte e
Plutão, Retrógrado e Direto— 116, A Oitava
Casa— 119
18. Sagitário, Júpiter & a Nona Casa 121
Júpiter— 122, A relação Júpiter-Saturno— 122,
Júpiter Retrógrado— 123, A Nona Casa— 124
19. Capricórnio, Saturno & a Décima Casa 127
Saturno— 129, A Relação Saturno-Júpiter-
Urano— 130, Saturno Retrógrado— 131, A
Décima Casa— 132
20. Aquário, Urano & a Décima Primeira Casa 135
Urano— 136, A Polaridade Sol-Urano— 137, As
Partes e Fases de Sol-Urano— 137, A Décima
Primeira Casa— 141
21. Peixes, Netuno & a Décima Segunda Casa 143
Netuno— 145, Netuno Retrógrado— 146,
Aspectos de Netuno com outros Planetas— 147,
A Décima Segunda Casa— 148

22. Áries — Eu renasci 151

Quem é Você? 153

ORIENTAÇÕES PARA INTERPRETAÇÃO
DO MAPA

23. Os Elementos & Qualidades 157
Signos de Água, Signos de Fogo, Signos de Terra
& Signos de Ar— 157, Combinando Signos e
Casas— 158, As três qualidades— 161, Os signos
mutáveis— 162

24. Sugestões para Interpretação 163

Apêndice: Um resumo para interpretação 169

QUEM É VOCÊ?
(A Espiral da Vida)

1. (♈) Você sabe quem é você?
2. (♉) Sabe em que baseia seu valor próprio?
3. (♊) Está aprendendo com suas experiências diárias?

***

4. (♋) Se respondeu "sim" a estas três perguntas, então é capaz de estabelecer uma base pessoal estável e uma sólida auto-imagem.
5. (♌) Você expressa suas emoções através de atividades criativas?
6. (♍) Está querendo se ajustar ao mundo exterior através do uso prático de seu conhecimento?

***

7. (♎) Se for assim, você pode se relacionar bem num nível interpessoal e atuar harmoniosamente em relacionamentos igualitários.
8. (♏) Você deseja controlar desejos centrados no ego por respeitar outras pessoas em sua vida?
9. (♐) Você está tentando aumentar seu conhecimento, buscando uma compreensão mais ampla da vida através de suas experiências sociais? Pode compreender um ponto de vista mais amplo?

***

10. (♑) Se for assim, você pode estabelecer bases sólidas e através delas atuar a nível social ou obter uma imagem social.

11. (♒) Você está buscando consciência social ou de grupo através da expessão compartilhada e experiências humanitárias?
12. (♓) Você deseja se comprometer com as coisas em que acredita, mesmo que isto exija sacrifício pessoal?

***

Então você está pronto para uma experiência surpreendente...
Uma nova vida está começando!!

1

JUNTANDO AS PEÇAS

As pessoas estão buscando direção, integração e maior consciência. "Gostaria de poder juntar as peças", dizem. Como astrólogas sabemos que compreender e viver com o padrão de nascimento cósmico é um caminho excitante e confiável para uma vida cheia de propósitos e autopercepção elevada. Com este propósito, um crescente conjunto de conhecimentos com respeito à relação da astrologia com a psicologia tornouse disponível através de diversas fontes. Este novo tipo de interpretação é muito amplo. Qualquer estudante que utilize eficazmente o que já é acessível, pode continuar encontrando mais aplicações e *insights*. O mais notável, entretanto, é o fenômeno que ocorre quando você aprende como integrar todos estes fatores em seu mapa e descobre por si mesmo o caminho para integrá-los em sua psique. Os ocultistas sempre chamaram a astrologia de "caminho" e Dane Rudhyar comparou o mapa a uma mandala, um símbolo arquetípico do *self*. Este caminho — esta busca por individualidade — está agora aberto aos indivíduos de modo menos esotérico e mais prático. Quer você mesmo sintetize seu mapa ou alguém o faça, você pode se encontrar percorrendo este caminho aberto para um autoconhecimento mais elevado.

Um importante assunto discutido neste livro é o desenvolvimento ESPIRAL da vida em diversos níveis. Através do uso consciente do desenvolvimento espiral do mapa (que será explicado num capítulo posterior), podemos revelar nossos potenciais cada vez mais profundamente. O efeito espiral refere-se à maneira de olharmos para o zodíaco como uma progressão de um signo para o próximo, onde o crescimento de um signo origina-se do desenvolvimento do anterior. Igualmente, um ciclo completo de signos transforma-se num novo ciclo que atua num nível de energia mais elevado do que o anterior.

Enquanto um ciclo zodiacal está completo em Peixes, um novo

ciclo nasce em Aries... diariamente, mensalmente, anualmente, ou num sentido mais amplo, uma vez durante uma vida inteira. Simplificando, podemos dizer que o conceito espiral do zodíaco é semelhante ao ciclo de crescimento de uma planta. A semente brota, cria raízes, floresce e forma sementes para um novo crescimento, antes de morrer. As sementes de nossas experiências e o grau de nutrição e utilização, determinam a qualidade do próximo ciclo. Compreendendo onde você se encontra agora neste processo de desenvolvimento e de onde você veio, o futuro pode ser abordado de modo mais consciente e confiante. Nosso propósito é demonstrar como esta espiral atua em sua vida e como você pode usá-la para intensificar e aumentar seu processo de crescimento (para um exemplo geral de como a Espiral da Vida se desenvolve, veja a página 9).

Naturalmente, quando se utiliza a astrologia como um caminho para crescimento e autoconhecimento, a pergunta é: "como juntar as peças"? — e a resposta é: através do mapa. Um grupo de estudantes discutia o processo de interpretação de mapas e os seguintes comentários foram ouvidos por acaso:

> "... Tenho dez livros com descrições de signos, casas, aspectos, planetas e dois que descrevem planetas nos signos e casas e planetas formando aspectos entre si. Mas ainda fico confuso quando olho para um mapa. eu não sei o que fazer com toda esta informação".

> "... Penso que existem livros que dizem o que fazer com o mapa total, mas são tão abstratos que não consigo compreendê-los, muito menos utilizar a informação".

> "... Eles sempre sugerem "chaves" para as coisas intrigantes e nunca dizem o que realmente significam; não dizem o que fazer com elas. Sei que todos estes escritores devem saber exatamente o que fazer com suas abstrações num mapa individual; só que eu não sei o que eles estão dizendo".

Concordamos com isto porque ainda estamos nos questionando. É difícil dizer por que a sutil arte da síntese não foi explicada em termos mais compreensíveis. Seja qual for a razão, é hora de organizar os dados, cada vez mais numerosos, que temos atualmente à disposição do estudante, de forma a serem compreendidos pela mente. Na era de Aquário, o conhecimento pertence a todos e cada um de nós pode ser seu próprio astrólogo.

A ciência demonstrou que a psique humana normal pode perceber apenas cerca de sete estímulos a qualquer momento. Naturalmente, quando você olha para 10 planetas, 12 signos, 12 casas e suas relações múltiplas, pode se sentir confuso se acreditava que deveria vê-los como um "todo". Entretanto, não é assim que se compreende um mapa em termos de totalidade; existem duas maneiras de fazê-lo, como mostrou Dane Rudhyar. Uma é analisar cada elemento do mapa individualmente, e depois tentar perceber a impressão total que estes pequenos passos deixaram em sua mente. A outra é avaliar alguns dos padrões globais no mapa, tais como tipo de mapa, equilíbrio de qualidades e elementos, equilíbrio de hemisférios etc; depois passar aos detalhes tendo em mente a imagem mais forte como sendo uma estrutura. Ambas as abordagens são necessárias. Em nosso livro anterior enfatizamos esta última abordagem e discutimos os padrões globais detalhadamente. Nós ainda achamos que esta é uma abordagem correta, mas percebemos que é a organização dos elementos individuais que torna difícil a interpretação. São estes elementos e seus inter-relacionamentos que esperamos esclarecer neste livro.

Nossa abordagem geral é a seguinte: apresentar todos os elementos duas vezes — uma resumida ou em forma de frase-chave para mostrar a estrutura orgânica, e depois de forma detalhada para completar o significado. Signos, casas e planetas serão examinados mais profundamente nos capítulos sobre signos. As fases são apresentadas em resumo, depois em detalhes e assim por diante. A chave para a organização da matéria encontra-se no Apêndice, no final do livro. Ele é um resumo que apresenta um procedimento disciplinado visando focalizar a atenção em todas as facetas importantes da interpretação de um mapa. Naturalmente, os detalhes de todos os passos e significados são encontrados ao longo do livro, mas o resumo organiza tais detalhes — a essência do mapa — para que você possa vê-los se relacionando, o que é parte da "totalidade".

Acompanhando o resumo *depois* de ter compreendido o restante do livro, você pode ter certeza que abrangeu todos os fatores importantes num mapa, a partir de um ponto de vista psicológico. Se fizer alguns mapas seguindo o resumo, logo descobrirá que uma imagem total surge dos detalhes e a partir disto terá compreendido o significado da "síntese do mapa". Depois disso, a prática será sua estrada para o sucesso, e mais tarde provavelmente deixará o resumo de lado e utilizará um outro, criado por você.

Não pretendemos sugerir que este livro torna a interpretação mais fácil, pois não há maneira de fazê-lo. Além disso, milhares de horas lendo livros não transformarão um estudante num profissional.

Somente sentando-se e passando muitas vezes pelo longo e difícil processo de interpretação é que você se tornará razoavelmente eficiente na "leitura" de um mapa. Isto feito, o próximo passo — acompanhar o resumo — será muito mais fácil.

2
EM DIREÇÃO A UMA CONSCIÊNCIA MAIS AMPLA

No *The Digested Astrologer*, vol. 1, mencionamos que, num nível psicológico, todas as coisas começam na casa de Áries e num nível material, na Primeira Casa. Este princípio está por trás do sistema utilizado por muitos astrólogos, que começam analisando um mapa pelo Ascendente, a casa natural que corresponde a Áries. Uma vez que os planetas representam a ação relacionada aos signos e casas, podemos usar este sistema para analisar o mapa de acordo com os planetas pela ordem dos regentes dos signos: Marte (Áries), Vênus (Touro), Mercúrio (Gêmeos), Lua (Câncer) etc. A lógica desta abordagem pode ser vista no desenvolvimento de uma criança em adulto. No início da vida Marte nos impulsiona a agir para provarmos nossa existência; desse modo nos tornamos conscientes do mundo material com o qual nos relacionamos de maneira muito pessoal, através das coisas que possuímos (Touro/Vênus). Assim, começamos a intelectualizar ou a perceber nossa ligação com as pessoas e a aprender sobre os fatos do mundo material (Gêmeos/Mercúrio). Como resultado da atividade inteligente em nosso meio ambiente, precisamos estabelecer bases pessoais. Nós nos tornamos conscientes de nossa necessidade por segurança (Câncer/Lua).

Como adultos, aprendemos a expressar os impulsos de Marte de diversas maneiras, dentro da estrutura de Saturno. Nesta época, alcançamos maior ou menor autoconsciência (Leão/Sol) de nossa existência e de nossas ações. Por trás das atividades de Marte, é o Sol que nos dará a chave principal para nossas motivações, energias vitais, força de vontade e sentido de direção. Devido ao seu significado fundamental, preferimos iniciar a interpretação com o Sol, como uma chave para nossa consciência total e componente principal na vida.

Como centro do sistema solar, o Sol ilumina todos os planetas. Isto simboliza a consciência que o Sol astrológico natal leva às diversas funções da personalidade (planetas) do mapa pessoal. Podemos ver sua energia, que mantém a vida, agindo através dos trânsitos anuais ao redor do mapa, revitalizando cada um dos planetas quando se une aos seus graus. O Sol não somente indica o nível da consciência, como representa o *centro da consciência*, muitas vezes chamado de *self*. Para as pessoas que alcançaram a dimensão da compreensão mais ampla representada pelo terceiro signo do Fogo, Sagitário, o Sol representa o *Self*, que talvez seja o que as religiões chamam de "alma" individualizada. Com isto queremos dizer que a consciência madura inclui não somente a personalidade consciente com seus mecanismos e respostas aprendidas, mas algum tipo de relação entre esta e o lado inconsciente da psique.

Enquanto o Sol mostra nossa percepção no *presente* (nossa consciência total), ele também é nossa fonte de poder para o progresso ou evolução no futuro. O Sol é a força para o crescimento, integração e renascimento. Contudo, sem nossas experiências diárias e a lembrança de experiências passadas com as quais possamos aprender, o desenvolvimento da consciência não poderia jamais ocorrer. Esta é a função da Lua em seu caminho mensal através do Zodíaco, uma vez que ela reflete a luz do Sol sucessivamente, em todas as áreas e funções de nossas vidas. Parte dela está na sombra e representa nosso "eu" inconsciente que está disponível quando necessitamos ou com um pouco de esforço.

Para compreendermos mais a respeito do papel da Lua, podemos ver como os três signos de Água se relacionam ao passado, que sustenta e apóia o presente. O passado (que é sempre inconsciente) é não apenas o útero de toda atividade embrionária ou a essência de tudo que se torna consciente, mas também aquilo que submerge, inunda e muitas vezes destrói áreas de consciência que se tornaram estéreis, para que possam renascer em outro nível.

CÂNCER é o passado bem conhecido da infância e de tudo o que reprimimos por alguma *razão* e que, podemos trazer novamente de volta.

ESCORPIÃO é o passado mais profundo, subconsciente; os psicólogos dizem que ele encerra as lembranças e impulsos originais, as experiências traumatizantes da primeira infância ou lembranças esquecidas por razões conhecidas apenas pelo subsconciente. Alguns dizem que encerra as lembranças de experiências de vida passada que nunca foram incorporadas à consciência. O lado escuro da Lua pode ser relacionado a este passado profundo, oculto.

PEIXES é o inconsciente mais elevado ou o "superconsciente" que normalmente é acessível à consciência do Sol quando esta voluntariamente se afasta da personalidade consciente em direção a algo mais amplo. Ele parece encerrar toda a sabedoria que adquirimos através da experiência, e, além disso, a inspiração do amor universal, harmonioso. Os psicólogos não possuem uma explicação satisfatória para este lado do inconsciente, embora sejam forçados a admitir a realidade de sua presença.

Além destas três áreas do inconsciente pessoal encontra-se a misteriosa, obscura área chamada de "inconsciente coletivo", que encerra os arquétipos ou padrões universais de percepção e instinto. Estas indicações de nossa ligação a todas as coisas da humanidade, desde o seu princípio (quando quer que tenha sido!) refletem nas três áreas pessoais do inconsciente. A Lua é o "espelho" ou a imaginação que as leva ao consciente, como mencionamos anteriormente.

A Lua, que "reflete" a luz do Sol, guarda e controla as lembranças do passado, encerra imagens de todas as formas que conhecemos, a partir das quais pode ser formado um número infinito de novas imagens. As "invasões" do inconsciente coletivo são filtradas pelo inconsciente pessoal e refletidas na mente consciente pela Lua, utilizando imagens retiradas de Câncer, onde estão armazenadas.

Esta essência do passado (pessoal ou racial) é subjacente à consciência presente, o Sol, que é a soma total da percepção que temos de nossa individualidade. Esta autoconsciência tem o poder de sair do passado, dirigir-se a alguma coisa mais adiante (porque pode pensar conscientemente) e, finalmente, transcender o passado. Mas, para fazê-lo, precisa da Lua a cada passo do caminho. O consciente e o inconsciente são as duas grandes polaridades, o Yang e Yin da vida, e quem negar uma delas, será, de certo modo, "destruído pela outra". Basicamente, elas devem ser integradas se quisermos atingir o processo de *individuação* (Sagitário) que é o passo seguinte após a *individualização* (Leão). Veja "O Ponto de Iluminação", em "O significado das partes", no capítulo sobre as Partes Arábicas, para mais informações a respeito da chave para a integração dos dois lados da consciência; veja também o capítulo sobre os Nódulos Lunares.

Atualmente, necessitamos da astrologia dirigida à pessoa ou ao Sol; precisamos destas chaves para obtermos direção e propósito que façam sentido além de um futuro aparentemente caótico. Precisamos encontrar nossa individualidade, nossa percepção dos poderes do inconsciente, assim como dos poderes verdadeiramente centrados e necessários da consciência humana. O diagrama cósmico — nosso mapa natal — encerra estas chaves e muitas outras, se pudermos aprender a decifrá-las.

3

OS PLANETAS

Os planetas representam as funções psicológicas de sua personalidade. Mostram onde está a ação e são responsáveis pelo verdadeiro drama da vida. O Ascendente, embora mencionado com os planetas, não é uma função ativa, no mesmo sentido. Em termos junguianos, ele provavelmente é a *persona* e atua como uma ponte ou elo de ligação entre a consciência interior do Sol e o mundo exterior. Pode ser visto como uma espécie de processo de condicionamento através do qual você aprende a se relacionar com o mundo, no nível de sua verdadeira individualidade.

O SOL: ☉

O Sol representa o centro da consciência — que inclui os lados consciente e inconsciente da personalidade. Dane Rudhyar diz que ele é o "sou" na frase "Eu sou" e também é "o poder da alma", mas não a própria alma. Ele atua no presente e mostra nosso potencial de crescimento, vontade, decisão e produz a capacidade para controlar e integrar todos os outros elementos do mapa (personalidade). As qualidades do signo do Sol podem ser utilizadas para redirecionar os padrões cristalizados da Lua por caminhos mais adequados ao objetivo do presente (Sol).

A LUA: ☽

A Lua representa as respostas emocionais e padrões de hábitos baseados nas imagens guardadas de experiências passadas. Ela rege os primeiros sete anos da vida, representando o passado, a partir do qual surgem todas as respostas emocionais. Sempre existem alguns padrões de hábitos antigos que

---

Nota: Os relacionamentos das fases dos planetas são mencionados neste capítulo, mas serão discutidos mais detalhadamente no Capítulo 4.

se encontram cristalizados ou muito estruturados e, portanto, não são mais úteis nem levam ao crescimento. A Lua é o centro para a consciência do Sol.

ASCENDENTE:

O Ascendente mostra a maneira de você se comunicar com o mundo exterior. Ele representa a imagem pessoal através da qual o Sol, a Lua e os planetas devem agir. O Sol, centro da personalidade, alcança a autoconsciência através das experiências do Ascendente. As condições da primeira infância (tradicionalmente regida pela primeira casa) determinam o tipo de experiências (signo do Ascendente) que mais provavelmente levarão ao senso de "individualidade" e de existir como um indivíduo distinto. Por esta razão, muitas vezes você se identifica com as características do Ascendente e não consegue ver a direção do Sol. como a força individualizadora que está por trás da atividade que caracteriza a individualidade. Então você projeta uma imagem de estar à parte ou de egoísmo para com os outros, sem o calor do Sol, que é o coração e o centro da personalidade. Se você permitir que o Sol atue através do Ascendente, será capaz de alcançar um senso de individualidade maior, mais profundo e com mais objetivos.

No que se refere ao mapa, é preciso lembrar que todas as funções, representadas pelos planetas, devem atuar através do Ascendente.A partir deste ponto de vista é muito esclarecedor verificar a distância e os aspectos do Sol e dos planetas com o Ascendente (veja o capítulo sobre a primeira casa). Neste caso, a relação do Sol deve mostrar onde você se encontra num ciclo de individualidade consciente, de autopercepção, direção e crescimento.

MERCÚRIO: ☿

Mercúrio representa sua capacidade de perceber, comunicar, fazer associações mentais e classificar o conhecimento. O signo mostra como você aprende e se comunica; sua capacidade para intelectualizar ou compreender suas respostas emocionais (Lua) e sua habilidade para aprender com as experiências (Sol). Ele formula e comunica à personalidade quais as intenções e propósitos do Sol, em termos de imagens da Lua.

VÊNUS: ♀

Enquanto Mercúrio mostra como você aprende com a experiência, Vênus mostra os valores que você desenvolve devido a estas experiências. O senso de valor desperta o poder do amor — a energia magnética mais poderosa do mundo — uma energia que não somente representa aquilo que você valoriza como o mantém lá, pois através dela você encontra propósito. Vênus focaliza o esforço para compreender o propósito e o significado da experiência do Sol. Se Vênus estiver em combustão (a menos de três graus do Sol), este propósito é muito subjetivo e você não percebe significados mais amplos.

MARTE: ♂

Marte é a capacidade para agir em qualquer nível de desejo — físico, emocional, mental ou espiritual. Inconscientemente toda ação é precedida de uma imagem do resultado desejado, mesmo quando é realizada passo a passo. Esta imagem é formada a partir das lembranças de experiências passadas (Lua). Você não pode formar imagens conscientes de qualquer coisa que não tenha, de alguma forma, experimentado anteriormente. Portanto, a relação entre a Lua e Marte mostra como este processo se realiza.

A mente de Mercúrio fornece a ligação que coordena a imagem e a resposta física exigida para a ação. Vênus representa o valor oculto na atividade, o propósito que inspira o desejo. A fase de relação entre Vênus e Marte mostra como estas duas funções agem em conjunto. A função do Sol é direcionar a energia de Marte para um propósito ou meta. Desse modo, Marte está energizando a vontade (Sol) ao induzi-la à ação.

JÚPITER: ♃

Sendo o primeiro planeta depois da Terra, Marte representa o *self* realizando seus desejos e necessidades. Se você já enfrentou a sociedade no esforço de realizar seus desejos pessoais, descobriu que pode se desenvolver mais através da ação cooperativa. Júpiter simboliza a consciência do Sol ampliando-se através do conhecimento maior que vem dos contatos sociais, como amizades, educação e religião. Estes contatos estabelecem uma série de princípios, costumes e ética como base de valores sociais que qualificam os desejos e ações de Marte na medida em que constroem um ponto de vista mais amplo. Naturalmente, é através de Mercúrio que você aprende e se comunica nesta experiência maior. Sua fase de relação com Júpiter mostra este processo atuando, e como e onde (posição da parte de Mercúrio/Júpiter) você utiliza o conhecimento adquirido de suas experiências, conservando assim sua individualidade pessoal.

SATURNO: ♄

Saturno representa o lugar que você estabeleceu para si mesmo na sociedade, através do processo de cooperação de Júpiter. Saturno começa representando em sua vida a autoridade (parental, social, interior) que estabelece um limite ao redor de todos os planetas interiores ao condicionar, definir e estruturar suas funções. Ele separa o consciente do inconsciente, individualizando a personalidade consciente (ego) e quando isto acontece a ponto de bloquear inteiramente o inconsciente, afasta as pessoas umas das outras. Saturno deve disciplinar e fortalecer a vontade do Sol, desenvolvendo o caráter e a responsabilidade. Contudo, "você" sendo o "Sol" não deve se identificar inteiramente com este *self* consciente ou ego, esquecendo os valores e necessidades do lado inconsciente. A fase de relação entre a Lua e Saturno mostra como Saturno (condicionamento social) está estruturando reações emocionais e hábitos passados. Saturno é o responsável por estas cristalizações. O condicionamento de Saturno define os padrões de percepção (Mercúrio), mesmo em níveis muito elementares, como os conceitos de acima e abaixo, direita e esquerda ou padrões simétricos. Ele representa o tipo de lógica específica que pertence à nossa cultura. Assim, a relação entre Mercúrio e Saturno mostrará como você usa a lógica em seu raciocínio e também se é rígido ou disciplinado em seus conceitos e relações sociais.

Vênus, sem a disciplina de Saturno, pode se expressar como amor voltado para si mesmo. Saturno força você a definir seus valores num nível mais profundo e socialmente responsável. Se Vênus forma quadratura com Saturno, você talvez tenha, no passado, "colocado limites ao redor" da manifestação de seu amor ou a tenha limitado "em benefício da outra pessoa". Agora, a sociedade ou a sua consciência insistem em que você ame determinadas pessoas, e você se sente incapaz ou este amor não é correspondido. Seu ego faz com que você tente, mas o esforço *pode* deixá-lo cheio de ressentimento ou culpa, e a sensação de não ser amado. Por outro lado, num sentido mais amplo, o esforço o levará a uma manifestação de responsabilidade no amor muito mais profunda e a um tipo de afeto menos egoísta.

URANO: ♅

Até um determinado ponto, todos nós identificamos uma parte de nossa *consciência* solar com a personalidade *consciente* condicionada de Saturno. Esta combinação é o "ego". Passamos por diversos estágios para liberar a consciência *total* (a totalidade do *self*) das limitações impostas pela percepção consciente superficial, embora esta percepção limitada tenha sido necessária para nosso desenvolvimento como indivíduos. Através dos *flashes* intuitivos da realidade acima do nível condicionado (que vem de Urano), percebemos um potencial maior do que aquele em que nos ensinaram a acreditar. Quando nos abrimos a esta possibilidade, começamos a nos harmonizar com a verdade universal, a beleza e a inspiração (que vêm de Netuno). Urano atua através dos níveis mentais da personalidade, libertando nossas percepções de seu condicionamento (Saturno) e deixando que Júpiter amplie os limites de Saturno. Isto permite que grande parte do inconsciente seja individualizado ou levado à consciência. Pouco a pouco o Sol se torna mais singular, mais inclusivo.

NETUNO: ♆

Netuno representa a chave para a experiência da totalidade, da unidade, da sabedoria do inconsciente — pessoal, coletivo e transpessoal. Netuno pode ser sentido na arte, música, poesia e todas as formas de beleza, incluindo a ação verdadeiramente bela de uma pessoa que se compromete com uma crença mais elevada. Você pode ver esta qualidade em outras pessoas, mas para alcançá-la é necessário o mesmo compromisso. Estas pessoas responderam às imagens coletivas de transformação de Urano e permitiram que Netuno dissolvesse alguns dos limites do ego, colocados por Saturno. Se você não permitir que Netuno dissolva os fragmentos do ego deixados de lado por Urano, passará por eles continuamente, caindo nas armadilhas da sociedade — a ilusão das drogas, do álcool e todas as formas de escapismo. Você deve desistir de todas as coisas pessoais que se interponham ao seu compromisso ou ele será afastado. O compromisso deve ser feito com algo maior do que o *self* e será vivido por Plutão.

PLUTÃO: ♀

Quando Urano derruba as rígidas paredes do ego consciente, você é invadido pelas águas do inconsciente (Netuno). Isto inclui ideais de vida, mas o ego que restou, sem experiência para lidar com a vastidão do inconsciente, não consegue diferenciar entre o real o irreal no mundo em que está vivendo, e assim é dominado por uma ânsia à qual não consegue dar forma.

Assim, Plutão assume o comando para organizar o ideal sem forma ou os conteúdos inconscientes que foram projetados em sua vida. Ele o força a encarar a realidade definitiva no que se refere ao seu papel na sociedade em que o ideal ou a inspiração de Netuno devem ser utilizados. Se você não usar seu compromisso numa dedicação total ao papel de Plutão, os anseios compulsivos de Plutão destruirão o ideal, que permanece apenas como uma ilusão e o deixarão exposto à decepção e à eventual destruição.

4

FASES DOS PLANETAS

Dane Rudhyar, em seu livro *The Lunation Cycle*, chamou a atenção da moderna astrologia para o significado da fase da Lua com o Sol. Há 35.000 anos, as fases da Lua eram o centro das primeiras práticas astrológicas na religião e na agricultura. Em épocas mais recentes, prestou-se menos atenção às fases e, de qualquer maneira, os primeiros significados são de pouco valor hoje em dia, a não ser que sejam reinterpretados. Graças a Dane Rudhyar, as fases foram redescobertas num novo contexto, como a base da personalidade atuante ou da expressão.

Parece haver uma relação direta entre a quantidade de sombra sobre a face da Lua e a quantidade de consciência presente na atividade do indivíduo. Não queremos dizer que isto tenha algo a ver com o "nível" ou qualidade de consciência. Simplesmente estamos dizendo que algumas pessoas atuam mais rapidamente baseadas na intuição ou no instinto e outras agem mais efetivamente na percepção plena baseada em experiências passadas (Lua Nova para as primeiras, Lua Cheia para as últimas). Se houver uma qualidade de consciência não desenvolvida, as primeiras podem estar sujeitas à projeção do ego, respostas emocionais imaturas e atividade psíquica inconstante. As últimas podem estar buscando a realização em alguma coisa fora de si mesmas, fundamentadas numa base racional estreita e materialista. Com a consciência desenvolvida, o indivíduo da Lua Nova é verdadeiramente intuitivo e idealista, enquanto a pessoa de Lua Cheia faz escolhas e relacionamentos baseada na realização consciente do significado em sua vida.

Para os interessados em reencarnação, não sugerimos que a fase da Lua indique um estado de desenvolvimento da alma. Se tal ligação realmente existe, pode-se apenas dizer com segurança que a fase da sua Lua mostra o desenvolvimento num determinado ciclo de manifestação. *Ela não mostra o nível de seu ciclo.*

25

A base racional por trás das fases é a de que as respostas da Lua são condutores da consciência do Sol. Como uma lente, os hábitos, emoções e lembranças focalizam a consciência, de qualquer nível, e a expressam nas coisas às quais você você dedica sua atenção, na maneira de se relacionar, na vida do dia-a-dia. Quanto mais luz a Lua refletir, mais consciência é refletida, e você fica mais ciente de tudo que aconteceu antes e de como isto se relaciona ao presente. Portanto, quanto maior sua capacidade de tomar decisões ou fazer planos, baseado na experiência anterior, mais a vida exigirá que o faça. Além disso, desde que o Sol representa a direção e o propósito em sua vida e geralmente as oposições se referem à percepção e a realização do propósito, quanto mais perto a Lua estiver da oposição da fase Cheia, mais consciente você se torna da realização de suas metas e da necessidade de fazer parte de algo mais amplo. Na Lua Cheia deve haver uma reflexão desta percepção *total* que o Sol, como centro da consciência pessoal, representa.

Este conceito de fases é parte da filosofia da atividade cíclica e de comportamento. Ele se aplica a quaisquer dois planetas num mapa, pois todos os planetas se movimentam a velocidades diferentes. Em qualquer par apresentado, um sempre completa uma órbita antes do outro, começando com uma conjunção, atingindo uma oposição e retornando à conjunção. Toda função da personalidade (planeta) está, portanto, relacionada a qualquer outra função através da fase de ligação. Na interpretação psicológica, esta é provavelmente a chave mais importante para a síntese do mapa. Uma vez compreendidos os inter-relacionamentos filosóficos das funções, como apresentados no capítulo anterior, você pode utilizar as fases para descrever como estes inter-relacionamentos se expressam no mapa de um indivíduo. A partir disso, verá claramente que embora os aspectos mostrem importantes ênfases nos mapas, eles não são necessários para uma relação ativa entre os planetas. Tudo que um aspecto mostra é que dois planetas exigem certo esforço incomum quando atuam juntos, ou, por outro lado, apresentam uma certa facilidade e produtividade quando o fazem. Quando não existem aspectos entre dois planetas, significa simplesmente que tentar atuar estas duas funções juntas não é o maior problema na vida. Você ainda utiliza os planetas juntos, e a fase mostra a maneira como você o faz, em ambos os casos.

Os significados dados a seguir para as oito fases da Lua podem ser aplicados a quaisquer dois planetas, mas como não temos espaço para descrever cada planeta em fase com cada um dos outros planetas, no capítulo correspondente ao signo de Aquário você encontrará o Sol através das fases com Urano, em detalhes; assim, ficará fácil ver como fizemos a interpretação. A seguir estão as frases-chave básicas para as fases e logo depois uma parte bem detalhada sobre como os aspectos atuam nas fases.

AS OITO FASES

NOVA: Projetando um ideal ou seu ego. Mergulhando em novas experiências e tornando-se parte delas.

CRESCENTE: Esforçando-se para sair de condições passadas e dependências que parecem agarrar-se a você.

QUARTO CRESCENTE: Mudanças ocorrendo no meio ambiente a fim de romper condicionamentos passados. Demolindo velhas estruturas e movimentando-se para construir novas.

CONVEXA: Analisando auto-expressão anterior com o propósito de encontrar uma técnica mais adequada através da qual compreender sua parte pessoal nos relacionamentos.

CHEIA: Pensando antes de agir para perceber o significado em suas ações e como seus relacionamentos são afetados por elas. Atingindo um senso de propósito através dos outros.

DISSEMINANTE: Vivendo e compartilhando com os outros aquilo que você descobriu ser significativo.

QUARTO MINGUANTE: vivenciando uma reorientação psicológica traumatizante para que alguma coisa nova possa surgir nos antigos padrões pessoais de comportamento ou atitudes.

BALSÂMICA: Experienciando alguns conceitos novos dentro de antigas estruturas — compromisso com o futuro, que traz a transformação.

COMO ENCONTRAR AS FASES

O Sol, a Lua e os planetas sempre se movimentam para a esquerda ao redor do ciclo do mapa, através dos signos do zodíaco. A Lua se movimenta mais rápido do que o Sol e assim, em cerca de 28 dias, irá da Lua Nova (conjunção com o Sol) ao redor de todo o mapa e voltará para o Sol. Ela não pode estar a mais de 180° do Sol e alcança este ponto exatamente na metade do mapa, quando é chamada de Lua Cheia. Enquanto se movimenta pela primeira metade do ciclo em direção à Lua Cheia, é chamada de *crescente*. Quando está indo da Lua Cheia de volta para o Sol, é chamada de *minguante*. Durante todo o ciclo, de conjunção a conjunção, passa por oito fases — Nova, Crescente, Quarto Crescente, Convexa, Cheia, Disseminante, Quarto Minguante e Balsâmica. Um modo fácil de encontrar a fase entre dois planetas é transformar os signos em longitude. Logo abaixo do "Círculo das Fases" você encontrará uma tabela com as longitudes equivalentes a cada signo.

NA TABELA DE LONGITUDES:

1. Encontre a longitude do planeta MAIS LENTO e adicione o grau que o planeta ocupa em relação ao signo equivalente (Júpiter a 3° de Câncer = 90° + 3° ou 93°).

2. Repita para o planeta MAIS RÁPIDO (Mercúrio a 11° de Virgem = 150° + 11° ou 161°).

3. Se o planeta MAIS RÁPIDO estiver CRESCENTE subtraia a longitude do planeta MAIS LENTO da longitude do planeta MAIS RÁPIDO. Localize este novo grau na metade *inferior* do Círculo das Fases para determinar a fase. Se não puder subtrair, some 360° ao planeta MAIS RÁPIDO (161° − 93° = 68° ou fase crescente).

4. Se o planeta MAIS RÁPIDO estiver MINGUANTE subtraia sua longitude da longitude do planeta MAIS LENTO. Localize este grau na metade *superior* do Círculo das Fases para determinar a fase. Se não puder subtrair, some 360° ao planeta MAIS LENTO.

CÍRCULO DAS FASES

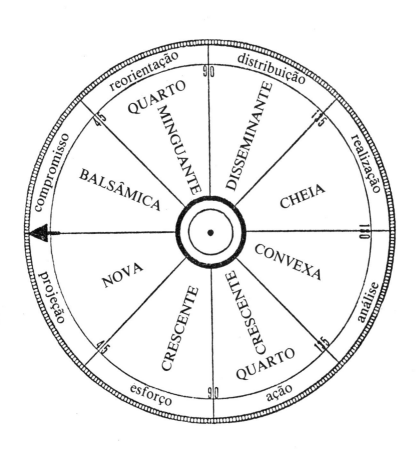

TABELA DE LONGITUDES

0° - Áries	120° - Leão	240° - Sagitário
30° - Touro	150° - Virgem	270° - Capricórnio
60° - Gêmeos	180° - Libra	300° - Aquário
90° - Câncer	210° - Escorpião	330° - Peixes

5

RELAÇÕES FASE-ASPECTO

Antes de começar a interpretar os aspectos em seu mapa, existem alguns pontos de interesse a serem acrescentados. Você verá que juntamente com a descrição de cada fase em geral, incluímos um planeta e seu signo, que está especificamente relacionado à fase, em termos de significado. A ligação estabelecida entre fase e planeta está baseada na numerologia e pode constituir apenas um conjunto de relacionamentos, uma vez que os sistemas da numerologia variam em sua interpretação de números com os fatores astrológicos. Este sistema parece ser significativo e atualmente é o sistema utilizado. Aconselhamos a utilização do relacionamento planeta-fase somente às fases Sol/Lua, embora as descrições gerais das fases se apliquem a todos os pares planetários.caso contrário, a interpretação fica muito envolvida, muito sutil e sem sentido.

Quando estiver interpretando fases crescentes e utilizando o conceito de "metas" ou da busca por significado, você pode olhar para a casa, signo e grau que estão opostos à colocação do planeta mais lento para ver, em termos abstratos, qual poderia ser esta meta. Pode ser útil utilizar os símbolos dos graus de Dane Rudhyar ou Marc Edmund Jones, para obter um *insight* maior da "meta". O mesmo procedimento pode ajudar quando estiver interpretando fases decrescentes e lidando com "alguma coisa que se desintegra" ou com significados que já tenham sido estabelecidos na fase Cheia. O grau onde se localiza o ponto de oposição do planeta mais lento muitas vezes pode ser significativo, de maneira muito pessoal. Se o símbolo do grau for negativo, isto pode indicar que a "revelação ou significado" era um *insisght* sobre o modo como alguma coisa *não* deve ter sido. Aprender com esta experiência pode ser valioso. Por outro lado, durante as dificuldades de um planeta numa fase minguante, o grau do ponto de oposição anterior pode dar uma pista sobre o que você deveria

31

fazer nesta situação — ele pode representar uma "saída" para sua dificuldade.

A METADE CRESCENTE DO CICLO:

A ação se inicia num nível automático, subjetivo, essencialmente baseada em sentimentos e emoção, que desenvolve o controle consciente gradualmente, à medida que a fase se aproxima da oposição. Na fase Cheia, o crescente poder pessoal busca realização em alguma coisa exterior, como uma outra pessoa ou um ideal, ou ainda, um propósito.

À medida que aumenta a distância entre os dois planetas, até chegar à oposição, a consciência de nosso relacionamento com o passado, bem como com o presente, torna-se mais óbvia. Isto cria conflitos entre o passado e o presente, representados pelos dois planetas. O planeta mais lento representa uma pressão atual para que o mais rápido se liberte de condições do passado mostradas por sua casa e signo. O planeta mais rápido é a função tentando sair do passado e estabelecer alguma coisa nova em relação ao outro.

A METADE MINGUANTE DO CICLO:

A ação ocorre na percepção total de passado e presente e de seu contraste. Grande tensão é vivida enquanto uma parte deseja ir numa direção e parte em outra, até você se sentir "dividido". Agora a ação deve se tornar deliberada e ter o propósito de encontrar um ideal no qual ambas as partes ou atividades possam ser integradas. O significado desta atividade ideal será gradualmente liberado através do ciclo minguante, sob o aspecto da progressão dos planetas. O "poder do grupo" deve substituir o poder pessoal, pois suas energias são gastas para apresentar o significado mais importante para os outros. Se a atividade foi negativa, os padrões desenvolvidos pelo planeta mais rápido se cristalizarão e desintegrarão gradualmente. As pressões do planeta mais lento sobre o mais rápido têm a finalidade de transformar as atitudes.

Em qualquer estágio do ciclo total, o planeta *mais rápido* representa a atividade. O *mais lento* representa a direção na qual o mais rápido deve agir. De certo modo, o planeta mais lento representa uma diretriz do presente ou do futuro, enquanto o mais rápido mostra, através da posição e aspecto, alguma coisa do passado com a qual está lidando, em seu relacionamento com o planeta mais lento. Quando existe um aspecto entre os dois planetas, a natureza do aspecto mostra a facilidade ou a dificuldade em utilizar a energia disponível de determinada fase. Ele também mostra que você tende a enfatizar estas funções, atitudes e atividades em sua vida.

A FASE NOVA:
Nesta fase, a percepção do "passado" foi apagada. Assim, precisamos nos dirigir cegamente para novas experiências em vez de refletir antecipadamente, basedos em experiências passadas. Entretanto, um resíduo do passado permanece no inconsciente (da primeira infância? de vidas passadas? do inconsciente coletivo?). Este resíduo surge na forma de nossas respostas habituais e reações instintivas onde o planeta mais rápido estiver envolvido. O planeta mais lento está projetando seu próprio significado e a qualidade do signo através do mais rápido, para que se inicie a criação de novos padrões de atividade baseados nas qualidades mais positivas do signo. Naturalmente, se o planeta mais lento (em qualquer fase) não estiver atuando bem, o mais rápido também não ficará bem "moldado".

Quando o Sol e a Lua estão na fase nova, a personalidade assume a qualidade da atividade instintiva, projetando o ego ou um idealismo. Se sua personalidade for "nova" você tem dificuldade para perceber suas emoções ou do por que faz as coisas. Por exemplo, se alguém morre, talvez se censure por não sentir uma grande tristeza imediatamente. Mais tarde (ou ao ver outras pessoas demonstrando tristeza), subitamente a encontra e manifesta. A situação parecia "irreal" e, assim, você precisou vê-la fora de si mesmo para percebê-la. Se suas respostas provocam reações negativas nos outros, fale com alguém que possa lhe mostrar o que aconteceu — então você (o Sol) "vê" suas próprias respostas e pode começar a mudá-las.

O SOL e LEÃO estão associados a esta fase, pois as pessoas deste tipo têm algo a ensinar no que concerne à auto-expressão e percepção. As pessoas de Leão são experientes no que se refere à autoconsciência — elas sabem o que estão vivenciando, como estão respondendo e podem controlá-lo para conseguir o que desejam e imprimir sua personalidade no ambiente em que vivem. Se a fase nova é importante em seu mapa, algumas das pessoas mais importantes em sua vida terão um Sol forte, Sol em Leão

33

ou muitos planetas em Leão. A casa governada por Leão em seu próprio mapa pode ser algum modo enfatizada.

♂ Conjunção (0°) — Uma convergência dos dois impulsos produz uma ênfase nesta combinação e cria um ponto de poder. O planeta mais rápido está sendo forçado a atuar na estrutura do mais lento. Esta é uma atividade subjetiva pois a pessoa muitas vezes não tem consciência do efeito de adaptação que está ocorrendo. Ela não é muito objetiva a respeito de si mesma e suas ações impulsivas resultam de motivações inconscientes. Quanto mais próxima a órbita, maior a probabilidade de isto acontecer.

⚥ Semi-sextil (30°) — Há um potencial criativo, produtivo, mas é necessário um pouco de tentativa e erro para capacitar o planeta situado num signo de determinada polaridade a projetar a qualidade de uma polaridade oposta de forma harmônica. Algumas irritações podem ser experimentadas antes que a atividade se torne construtiva.

Semiquintil (36°) — O planeta mais rápido possui a capacidade instintiva, embora muitas vezes latente, de projetar a qualidade do planeta mais lento de maneira produtiva e criativa, que pode ser apenas uma graciosidade inerente na atuação dos dois planetas, inconscientemente projetada e que os outros vêem como algo especial a seu respeito.

⋈ (Nóvil) (40°) — A incapacidade para expressar elementos inconscientes na casa e signo do planeta mais rápido, limitam a expressão ou projeção do planeta mais lento através dele. Algumas experiências "cármicas" levam os elementos para a consciência, trazendo a percepção de que alguma coisa do passado o está retendo. A casa e o signo do planeta mais rápido mostrarão quais são estes elementos.

A FASE CRESCENTE: O planeta mais rápido está se esforçando para sair de alguma condição passada mostrada por sua casa, signo e aspectos, a fim de atuar em harmonia com o planeta mais lento. Se o esforço não for bem-sucedido, o planeta mais rápido permanece prisioneiro do passado — com uma sensação profunda, inconsciente, de estar sendo dominado por ele, pelo "carma" ou o "coletivo".

A LUA e CÂNCER estão associados a esta fase. Você precisa construir "formas" para o poder do Sol. Isto é, onde estiver a Lua ou o planeta mais rápido, você deve concentrar-se nas atividades da casa e desenvolver "imagens" claras das atitudes do signo, para que o Sol ou o planeta mais lento possam realizar seus propósitos através delas. Você pode aprender muito com as experiências da casa de Câncer se sua Lua for crescente, porque o planeta mais rápido está, de algum modo, dominado pelo passado e na verdade não quer deixá-lo. A casa de Câncer pode lhe mostrar alguma coisa a respeito deste passado.

∠ Semiquadratura (45°) — Sua qualidade "projetada" (planeta mais rápido) enfrenta uma situação exterior que cria tensões mentais irritantes, fazendo com que você comece a se esforçar para sair da condição passada — econômica (segunda casa), educacional (terceira casa), etc.

S Septil (51°25') — Em todas as fases, é importante lembrar que o consciente e o inconsciente devem atuar juntos. De qualquer maneira, você deve levar em consideração seus dois lados e estar ciente destas necessidades. No septil crescente, se seus padrões conscientes (planeta mais rápido) estiverem dominando e ignorando o inconsciente (planeta mais lento), este forçará situações que o *façam* aprender a ter consciência do *self* total. É por isso que o septil é algumas vezes associado a ações compulsivas e anti-sociais na qual o inconsciente está chamando sua atenção. Contudo, o inconsciente também pode estar lhe oferecendo potenciais ocultos na casa do planeta mais rápido, despertando nos outros respostas a alguma coisa da qual você não tem consciência.

✳ Sextil (60°) — Com uma nova qualidade definida pelo planeta mais lento, existe a oportunidade de mover-se para fora e produzir algo construtivo com o planeta mais rápido no que se refere ao mais lento. Esta criatividade é mais ativa do que no trígono porque é necessário esforço para tirar proveito das oportunidades, e esforço significa energia sendo gerada.

Q Quintil (72°) — Há um talento totalmente desenvolvido que solicita o auxílio de recursos interiores (relacionados ao planeta mais lento) para lidar com condições no meio ambiente mostradas pelo planeta mais rápido. Este talento pode estar latente, mas, se ativado, pode transformar o mais rápido ou recriá-lo de certo modo, fazendo que não precise mais depender do passado para ter segurança.

35

A FASE DO QUARTO CRESCENTE: Nesta fase você sente insatisfação com a atividade do planeta mais rápido. Através da atividade vigorosa, o planeta mais lento está desafiando o mais rápido a derrubar antigas estruturas e abrir caminho para construir algo novo, mostrado pelo mais lento. Se a atividade for impedida, a satisfação futura também o será, porque nesta fase o potencial de crescimento, revelação e integração é criado para o bem ou para o mal.

Nesta fase você *deseja* mudar condições passadas e tomar a iniciativa para fazê-lo, enfrentando resistência e crises das pessoas ao seu redor. Esta fase difere da fase crescente, na qual você está lutando com inseguranças pessoais e com o medo de abandonar o passado. Aqui, você está lutando com pessoas e coisas externas.

JÚPITER e SAGITÁRIO são associados a esta fase porque você está ampliando a auto-expressão em seu meio ambiente, para estabelecê-la num nível social. Aqui, podem existir lutas interiores e muitas vezes as crises nesta fase são devidas à dominância do ego. Júpiter, o impulso para ampliar e melhorar nossa consciência, dará as pistas para a necessidade de viver de acordo com suas crenças e ética, e não das exigências de seu ego. A casa de Sagitário pode mostrar uma área em que você possa realmente se expandir com sua crescente auto-expressão.

☐Quadratura (90°) — O planeta mais rápido enfrenta uma crise na vida exterior por tentar viver uma direção representada pelo mais lento que está tentando levá-lo a construir alguma coisa nova em sua vida, representada pelo mais rápido. As condições fazem com que você aja de modo agressivo quando estruturas do passado bloqueiam as metas futuras do planeta mais lento.

△Trígono (120°) — A "visão" natural ou talento torna fácil estabelecer novas qualidades no meio ambiente. Um fluxo de energia criativa pode ser libertado pelo planeta mais rápido, com pouco ou nenhum esforço, ao viver a direção do mais lento. A alegria da auto-expressão e da concretização de idéias pode ser experimentada. As portas se abrem espontaneamente e sua capacidade criativa pode mudar seu ambiente.

A FASE CONVEXA: Você sente o impulso de contribuir externamente com alguma coisa de valor na posição do planeta mais rápido, definida pelas metas do mais lento. As metas são expressadas no ponto de oposição do mais lento. Você analisa e elimina coisas desnecessárias para aperfeiçoar a expressão pessoal do planeta mais rápido. Esta é uma preparação para alinhar sua atividade com as metas do mais lento e atuar com outros. Você está em busca de significado do "porquê" daquilo que faz, pois não está plenamente consciente das metas do planeta mais lento. SATURNO e CAPRICÓRNIO são associados a esta fase. Aqui, você precisa aprender a melhor maneira de atuar, o que significa construir estruturas ou padrões para a atividade representada pelo planeta mais rápido, baseados nos princípios do mais lento e precisa entrar em contato com o passado (Saturno) para encontrar estes princípios. Saturno, o pai, os padrões aceitos pela sociedade, as autoridades, todos são necessários como uma espécie de exemplo com o qual você possa aprender a tornar suas expressões pessoais mais úteis para os outros. Saturno cria os limites de sua atividade no mundo, e Capricórnio mostra aonde existe maior probabilidade de você ser aceito ou rejeitado como parte da estrutura, baseado em sua vontade de trabalhar dentro de seus limites. Estas áreas do seu mapa iluminam o processo de aprendizado de melhores técnicas de expressão, assim como sua capacidade de disciplinar as reações inconscientes e seu senso de responsabilidade com os outros.

♩ Sesquiquadratura (135°) — Há um esforço intencional através do qual você força os problemas a lentamente esclarecerem uma meta. Os problemas de auto-expressão do planeta mais rápido provocam tensões tornando necessário eliminar abordagens insatisfatórias. Condições conflitantes baseadas em suas habilidades forçam-no a analisar a expressão anterior, o que pode levá-lo à autocrítica e irritação devido à dificuldade de se relacionar com as outras pessoas. Este é um aspecto mobilizador, a seu modo, tão forte quanto a quadratura.

± Biquintil (144°) — Uma capacidade analítica desenvolvida torna fácil seu aperfeiçoamento interior (planeta mais rápido) em termos de metas do planeta mais lento.

⚹ Quincunce/Inconjunção (150°) — Há uma necessidade de desenvolver técnicas exteriores. A atividade real de seu planeta mais rápido ainda não está alinhada com as metas do mais lento. Você pode estar se afastando de uma imagem ou padrão antigo estabelecidos no passado, pois eles não se harmonizam com estas metas. Aqui, você deve decidir conscientemente a continuar e fazer os ajustes necessários na função do planeta mais rápido no mundo exterior, para que ele possa atuar em condições mais amplas em relação aos outros.

♂Oposição (180°) — Ambivalência, indecisão e instabilidade são o resultado dos dois lados da personalidade atraindo em direções opostas. A súbita percepção de circunstâncias opostas devido a condições exteriores força você a reconhecer a necessidade de descobrir meios de integrar atividades opostas.

A FASE CHEIA: Há uma culminância *ou* uma desintegração das duas funções planetárias descrita pela necessidade de relacionar as atividades e podem se desenvolver indecisões no que se refere a metas, significado ou propósito. Isto dissolve o possível relacionamento ou leva à percepção de estruturas totais mais amplas nas quais ambos possam atuar significativamente. A falta de harmonia interior atrai relacionamentos que objetivam sua tensão. Esses relacionamentos estão lhe dizendo que, antes de agir através do planeta mais rápido, você deve pensar para ter certeza de que suas ações são significativas. A parte de sua personalidade mostrada pelo planeta mais rápido está atuando fortemente nos relacionamentos e você precisa considerar os outros naquilo que faz. A ação, neste ponto, deve ser baseada em experiências passadas.

MERCÚRIO, GÊMEOS e VIRGEM são associados a esta fase. O nível de utilização de sua mente concreta determina seu sucesso. Se Gêmeos é mais dominante em seu mapa, isto mostra que você atinge uma realização intelectual de significado e propósito. Sua condição mostra como você é capaz de trazer uma compreensão consciente do significado para suas ações e que seu envolvimento no processo mental visa benefícios pessoais e crescimento de algum nível. Virgem dominante indica uma ênfase em tornar a atividade eficiente, para que você possa acrescentar significado a alguma coisa fora de si mesmo.

♂Oposição (180°) — Desenvolve-se uma necessidade de tornar esta parte de si mesmo (planeta mais rápido) significativa e de pensar a respeito do lento movimento da intenção do planeta antes de agir, em vez de atuar instintivamente. Planos não elaborados completamente se fragmentarão ou relações sem significado se desintegrarão. A revelação pode surgir através de atitudes abertas com as pessoas ao seu redor na casa do planeta mais rápido. Aqui, a ação deve se basear em experiências passadas.

⚷ Quincunce/Inconjunção (150°) — Você está saindo de algum tipo de satisfação ou revelação para compartilhá-la com os outros ou para vivê-la. *Ou* está se afastando de alguma coisa que se dissolveu mas ainda não encontrou uma direção. Você precisa conscientemente desistir de algo pessoal com respeito ao planeta mais rápido para permitir que outros vejam aquilo que lhe é significativo. Precisa encontrar uma direção e buscar os potenciais mais completos definidos pelo planeta mais lento. Ao agarrar-se a alguma coisa você pode estar tentando controlar os outros através da função do planeta mais rápido e se este for o caso, ela provavelmente será afastada.

Biquintil (144°) — Você pode utilizar técnicas criativas para direcionar as energias do planeta mais rápido nos relacionamentos indicados pela posição de sua casa. Novamente, isto pode estar latente.

A FASE DISSEMINANTE: O planeta mais rápido mostra como e onde você pode compartilhar com os outros ou viver algo que tenha sido significativo. O planeta mais lento mostra *o que* é significativo. Se você não tem nada para compartilhar, é exatamente isto que estará projetando, verbalmente. As pessoas com Sol/Lua, Saturno/Lua, Mercúrio/Júpiter nesta fase são "comunicadores" óbvios. Quaisquer dois planetas nesta fase, porém, implicam em algum tipo de comunicação expansiva de significado.

VÊNUS, TOURO e LIBRA são associados a esta fase. Você fez alguma coisa se tornar uma parte significativa de seu sistema de valores. Você *valoriza* aquilo que está estendendo aos outros. Igualmente, alguma coisa o atrai em direção às outras pessoas, algo que poderia ser chamado de amor. Assim, Vênus no mapa é significativo para mostrar onde seus valores estão centrados. Se Touro está realçado, você está disseminando para obter algum resultado — provavelmente em seu benefício pessoal (isto não deve ser negativo). Se Libra está em destaque, você o está fazendo em benefício de outros, pois realmente se expandiu.

⚹ Sesquiquadratura (135°) — O planeta mais rápido está tentando expressar alguma coisa significativa em relação ao mais lento. A necessidade de compartilhar é forte, mas a falta de controle adequado e de direção podem fazê-lo se projetar de modo exagerado e parecer que "sabe tudo", o que irrita os outros. Se a atividade foi negativa você talvez experimente uma sensação de derrota na casa do planeta mais rápido. Seria fácil se perder em alguma coisa que lhe permitisse esquecer suas responsabilidades.

△ Trígono (120°) — O planeta mais lento permite que o mais rápido compartilhe suas idéias ou ideais e convença os outros que eles são significativos. Os outros podem perceber a visão e o talento plenamente desenvolvido que motivam suas ações e comunicações.

A FASE DO QUARTO MINGUANTE: As experiências com outras pessoas (através do planeta mais lento) o tornam consciente da necessidade de reorientar suas próprias atitudes (o mais rápido). Pode existir um forte sentimento de desilusão com antigos valores. O planeta mais rápido veste uma máscara em sua área de vida enquanto a mudança está ocorrendo. A máscara é representada por hábitos antigos que às vezes são rígidos ou "irreais", como uma projeção do que está acontecendo sob a superfície. Quando estiver pronto para viver a nova abordagem, você retira a máscara. A fase é principalmente de reorientação de atitudes ou valores.

URANO e AQUÁRIO são associados a esta fase. Urano sempre representou algo novo sendo trazido à antiga estrutura, no nível de idéias. Urano mostra como e onde você deseja libertar-se de padrões do passado baseado no que as outras pessoas pensam. A Lua mostra as antigas atitudes que estão sendo reorientadas. Alguma coisa sobre a casa de Aquário mostrará os resultados da mudança. Trânsitos de Saturno para Urano e de Urano para Saturno oferecem pistas deste momento.

☐ Quadratura (90°) — Você experimenta um conflito interior entre sua antiga maneira de se relacionar com o mundo exterior e um forte impulso de encontrar novas maneiras, o que leva à percepção consciente da necessidade de mudanças. Uma decisão deve ser tomada. O planeta mais lento parece estar exigindo que o mais rápido comece a atuar em outro nível, estabelecendo novas atitudes. Exemplo: Marte em quadratura com Vênus — por estar iniciando algo novo (Marte), deve mudar seus valores (Vênus).

Q Quintil (72°) — Você nasceu com a capacidade de obter da sociedade a ajuda necessária para operar mudanças. O planeta mais lento representa a ajuda; o mais rápido mostra a área em que você fará a mudança. Algumas vezes esta capacidade está latente.

✳ Sextil (60°) — O planeta mais rápido encontra a oportunidade de se reorientar facilmente em direção a algumas novas idéias definidas pelo mais lento. A atividade na casa do mais lento é útil e significativa para a função do planeta mais rápido, permitindo que ele produza algo construtivo ou criativo através do processo de reorientação.

§ Septil (51°25') — Uma certa sabedoria oculta ligada ao planeta mais lento se revela através das respostas dos outros na posição do mais rápido, e esta experiência reorienta suas atitudes. *Ou*, atitudes anti-sociais forçam a atividade, o que faz com que a sociedade o "corrija". Em ambos os casos, você parece estar vivendo mais do que aquilo que tem consciência em suas atuais estruturas. As atividades envolvidas com estes planetas parecem ser regidas pelo "destino" ou "fatalidade", dependendo de onde estão atuando positiva ou negativamente.

A FASE BALSÂMICA: Alguns novos ideais devem surgir na função do planeta mais rápido, definidos pelo mais lento, embora estes ideais possam ser expressados somente nas estruturas do presente ou do passado. O novo nível de consciência flui do planeta mais lento através do mais rápido, transformando-o. Se esta atividade transformadora estiver sendo bloqueada, alguma coisa dentro de você parecerá "morrer" ou o deixará confuso. Esta fase é essencialmente de transição, transformação ou "germinação". Por "germinação" queremos dizer que isto pode representar uma purificação de sua sabedoria de forma que os outros possam compreendê-la. Isto significa que você está empenhado a dar alguma coisa de si mesmo que os outros tomarão e na qual se basearão e por isso você mesmo pode ser esquecido. Alguma coisa realmente "morre" aqui — um aspecto do ego.

Sugerimos que você encontre nas efemérides a hora anterior ao nascimento quando o Sol e a Lua (ou dois planetas) formavam conjunção nesta fase. O grau, signo e casa da conjunção indicarão o propósito simbólico de experiência dos dois planetas. Sua tarefa é livrar-se do que não é significativo em termos mais amplos e condensar o que ficou como uma "semente" para novos propósitos no que se refere às duas funções. O signo e o grau da *próxima* conjunção podem dar uma pista abstrata deste novo propósito. MARTE e ESCORPIÃO são associados a esta fase. Marte representa o instinto, Mercúrio a intuição. O instinto se origina do inconsciente coletivo, mas a intuição se origina de uma verdade maior ou de um conjunto de padrões relacionados ao processo de individuação (oposto à "individualização"). Para uma pessoa com Sol/Lua Balsâmica, a relação de Marte com Urano é muito significativa porque a percepção da fraternidade universal deve transformar desejos pessoais (instintos) em níveis mais elevados. Em outras palavras, para realizar o propósito balsâmico, os desejos pessoais devem ser mudados em desejos do grupo ou aspiração. (Por esse motivo, Plutão também se relaciona a esta fase.) MARTE, nesta situação, pode representar um processo purificador. ESCORPIÃO mostra onde estão armazenadas partes ocultas do ego no inconsciente, que precisam ser libertadas e integradas numa personalidade mais universal. Marte mostra como isto será feito. Plutão mostra o novo *self*. Aqui, será útil ler "Áries — Eu renasci" (Capítulo 22).

A questão de tudo isto parece ser a de que com elementos do ego não regenerados no inconsciente, você está bloqueando o fluxo de novas idéias ou ideais que tornam possível transformar todas as suas experiências em algo significativo para os que virão depois. Isto não se aplica somente a uns poucos abençoados que se tornaram famosos após a morte, por algo que deixaram para a posteridade. Isto se aplica a qualquer pessoa e a qualquer nível. As pessoas com Lua Balsâmica têm alguma coisa de valor para deixarem, ao menos para uma outra pessoa.

∠ Semiquadratura (45°) — O planeta mais lento cria conflitos mentais irritantes com o mais rápido, experimentados nesta fase e que o mobilizam a romper conscientemente com o passado e perceber que alguma coisa nova está começando a agir através de você. As irritações surgem do fato de que o forte impulso ou idéia não possui novas estruturas nas quais possa ser expressado.

N Nonagon (40°) — Isto pode representar a necessidade de superar uma atitude ou sentimento de estar isolado ao abandonar alguns fatores do ego (planeta mais rápido) e assumir um compromisso definido com o futuro, num nível diferente (mostrado pelo mais lento). Isto pode incluir o auto-sacrifício, a profunda percepção de valores humanitários, a necessidade de meditar e voltar-se para si mesmo a fim de obter um desenvolvimento espiritual. A experiência trazida pelo mais lento liberta uma parte de você da "escravidão" do passado.

Semiquintil (36°) — Você conscientemente se volta para o interior e aprende técnicas para canalizar novas atitudes (planeta mais lento) através de antigas estruturas (planeta mais rápido).

⊻ Semi-sextil (30°) — Uma nova estrutura flui através da antiga, mas isto o irrita. O planeta mais rápido precisa ser transformado pelo mais lento para que as duas polaridades opostas possam atuar harmoniosamente. Tentativa e erro e um pouco de esforço são necessários para torná-la produtiva na recriação de um novo começo.

♂ Conjunção (0°) — Há uma ênfase nas duas funções que pode ser experimentada como uma sensação de vazio e confusão *ou* como um compromisso total a alguma coisa adiante que você já está começando a viver agora. No entanto, você ainda está atuando dentro das antigas estruturas (estruturas inalteráveis com as quais veio para esta vida, como características físicas, alguns tipos de condições sociais etc.). Durante esta vida, você deveria ver uma transformação gradual do planeta mais rápido pela ação do mais lento.

6

PARTES ARÁBICAS

As Partes Arábicas são pontos sensíveis num mapa, obtidos pelo cálculo das posições combinadas de um ou dois planetas e um ou dois ângulos ou cúspides. Algumas delas foram originalmente denominadas "ascendentes" dos planetas e calculadas apenas com o Sol e o Ascendente, somando-se a longitude do planeta à do Ascendente e subtraindo a longitude do Sol.* A parte principal era a "Fortuna", o "Ascendente" da Lua. Usando sua fórmula podemos descobrir um lugar no mapa que está relacionado à Lua ou planeta da mesma maneira que o Ascendente está relacionado ao Sol. Este ponto torna-se o campo de expressão natural para um planeta como um reflexo ou extensão do Sol ou *self*, a saída particular de energia de um indivíduo.

Outras partes foram encontradas calculando-se combinações de dois outros planetas e uma determinada cúspide, ou duas cúspides e um determinado planeta. Foram chamadas por nomes como Parte da Traição, Parte das Amarras, Parte do Amor, Parte da Morte etc. Outras partes ainda usadas atualmente são denominadas Partes de Expressão. São formadas por quaisquer dois planetas e o Ascendente, calculadas ao se somar o planeta mais rápido ao Ascendente e subtraindo-se o mais lento. Obviamente, no caso de Mercúrio, Vênus e Lua com o Sol, estas partes também serão os "ascendentes" dos planetas, pois têm órbitas mais rápidas que o Sol.

Nem todas as partes de expressão serão "ascendentes" de planetas. O propósito destas partes é caracterizar a fase de relacionamento entre quaisquer dois planetas. Elas mostram onde esta combinação é naturalmente expessada, ou onde a energia da fase encontra uma *saída* na personalidade de um indivíduo. O signo mostra a qualidade da expressão. Com freqüência, você desco-

---

* Nota: Veja a Tabela de Longitudes na pág. 29 para calculá-las de maneira mais fácil.

45

brirá que ao calcular cuidadosamente a parte de expressão encontrará uma maneira de diminuir o problema num mapa onde dois planetas estão em quadratura crescente ou minguante, e o indivíduo tem dificuldade para controlar as energias. A pessoa talvez precise transferir suas energias de uma área de vida para outra, onde atuaria mais fácil e naturalmente. Os aspectos com as partes também são significativos, mostrando outras funções que ajudam ou impedem a expressão.

Resumindo temos:

A. ASCENDENTES dos PLANETAS: (o Ascendente mais o planeta menos o Sol). Mostram a característica única de distribuição da energia do planeta.

B. PARTES de EXPRESSÃO: (o Ascendente mais o planeta mais rápido menos o planeta mais lento). Caracterizam a fase de relacionamento entre os dois planetas e mostram onde a combinação é naturalmente expressada, ou onde a energia da fase encontra saída.

C. PARTES ESPECIALIZADAS: (diversas combinações de cúspides de casas e planetas). Relacionam principalmente os planetas com as atividades materiais da casa.

Existem também as Partes do Espírito. Elas são encontradas ao se inverter os cálculos de qualquer parte. Por exemplo, a Parte do Espírito original é encontrada invertendo-se a regra para a parte da fortuna (Ascendente mais Sol menos Lua). A parte de Expressão de Mercúrio/Júpiter é Ascendente mais Mercúrio menos Júpiter, enquanto a Parte do Espírito destes dois planetas é Ascendente mais Júpiter menos Mercúrio. Atualmente há uma certa divergência a respeito do significado das Partes do Espírito. Os significados tradicionais não são mais adequados e não foram feitas pesquisas suficientes a seu respeito para justificar uma afirmação. Entretanto, *realmente* sentimos que a Parte do Espírito pode ser utilizada e indicamos abaixo nosso método para interpretá-la.

Dane Rudhyar descreve um outro ponto sensível que chama de Ponto de Iluminação no *The Lunation Cycle*. Este ponto está sempre no grau exatamente oposto à Parte da Fortuna. Para explicações mais detalhadas sugerimos sua leitura. Nossa interpretação baseia-se neste material.

Além das partes básicas mencionadas abaixo, que achamos úteis para uma análise em profundidade do mapa, seria útil estudar a Parte da Lua com cada um dos outros planetas no mapa, a Parte de Saturno com Júpiter e Urano e a Parte de Plutão com Marte e o Sol. A parte será útil sempre que os planetas formarem aspecto e estivermos considerando a fase do relacionamento. Isto também é verdadeiro em todos os casos de planetas representando polaridades, isto é, Marte/Vênus, Mercúrio/Júpiter, Saturno/Lua, Mercúrio/Netuno etc.

O SIGNIFICADO DAS PARTES

A PARTE da FORTUNA: Aqui se encontra o foco para a energia da fase Sol/Lua. Ela representa o potencial para desenvolver o tipo de personalidade descrita pela Fase da Lua e, ao mesmo tempo, descreve por signo a qualidade projetada pela personalidade. O sucesso da Parte da Fortuna depende dos esforços da pessoa. A busca da felicidade atribuída a esta parte é na verdade a busca por liberdade e poder de autoexpressão. Os aspectos mostram aquilo que ajuda ou dificulta. (É importante notar que, de acordo com Rudhyar, a Parte da Fortuna mostra através do signo, o caminho mais natural para liberar a energia da Lua Nova antes do nascimento.) A posição da casa da Parte da Fortuna mostra onde, ao nutrir instintivamente uma atividade, você está realmente ajudando o desenvolvimento da personalidade.

A PARTE do ESPÍRITO: Indica seu bem-estar espiritual, representando seus valores inatos. Você está completando o passado a fim de transcendê-lo e aquilo que aprende a partir dele, na área desta parte, pode ajudá-lo a conduzir a Parte da Fortuna a um nível de expressão melhor.

O PONTO de ILUMINAÇÃO: Através desta atitude (signo) e atividade (casa) você pode alcançar uma expressão totalmente *consciente* de sua Parte da Fortuna, o que normalmente é instintivo. É onde você leva significado e satisfação à Parte da Fortuna e que também pode ser seu caminho espiritual de iluminação.

A PARTE da INDIVIDUALIDADE: (Asc. + Sol − Urano). A parte de expressão de Sol/Urano mostra onde você está conscientemente buscando expressar sua individualidade interior. É o ponto sensível em seu mapa que caracteriza a fase de relacionamento entre o Sol e Urano, mostrando a maneira única de expressar seu significado em sua própria vida. Ela mostra o caminho pelo qual você pode ampliar sua consciência de um nível pessoal para um nível mais universal, e a área da vida na qual a expansão é efetuada.

A PARTE da INTUIÇÃO: (Asc. + Urano − Sol). O Ascendente de Urano mostra onde a individualidade interior utiliza seu propósito consciente e as energias da personalidade enviando "imagens" ou idéias do subconsciente. As experiências da casa fazem com que elas se revelem para transformar o ego pessoal numa expressão mais universal.

A PARTE da CONFRONTAÇÃO ou RESPONSABILIDADE (Asc. + Saturno − Sol) A antiga "Parte do Destino" mostra onde responsabilidades com os outros, originadas no passado, não podem mais ser evitadas.

A PARTE da MORTE: (Asc. + cúsp. da 8ª − Lua). Esta parte não tem relação com a morte do corpo, a não ser incidentalmente. Mostra onde antigas respostas devem morrer e novas devem nascer. Naturalmente, sob certas circunstâncias, a recusa para mudar poderia trazer a morte do corpo. Achamos que é muito subjetiva, um ponto psicológico que merece pesquisa e que pode mostrar as causas psicológicas subjacentes a uma doença terminal ou a causa da morte, em algumas circunstâncias.

A PARTE da AUTODESTRUIÇÃO: (Asc. + Netuno − Sol). Também chamada de Parte da Traição, é onde a autocentralização provoca traição ou decepção de outras pessoas. Aprender a encarar a realidade aonde esta parte se encontra e desenvolver um interesse verdadeiro pelos outros, torna esta parte um potencial para a espiritualização da consciência pessoal.

A PARTE do *STATUS*: (M.C. + Lua − Sol). A responsável por ela é Zipporah Dobyns. Ela parece representar uma atividade através da qual você instintivamente busca reconhecimento.

A PARTE do DESTINO: (M.C. + Sol − Lua). Esta parte também é atribuída à Dra. Dobyns. Mostra a direção de sua vida em termos de realização a nível social.

A PARTE da ALMA: (Lua + cúsp. da 4ª − Sol). Nossa própria descoberta, mostrando como e onde você está respondendo às suas próprias realidades pessoais.

A PARTE da COOPERAÇÃO: (Lua + cúsp. da 7ª – Sol). Também descoberta por nós, mostra sua busca instintiva por realização através dos relacionamentos.

OUTRAS INTERESSANTES PARTES DE EXPRESSÃO

Para encontrar estas partes, some o primeiro planeta ao Ascendente e subtraia o segundo.

Sol/Plutão: Como e onde você pode expressar conscientemente seu propósito sociológico ou onde seu propósito pessoal pode atuar juntamente com seu papel sociológico.

Plutão/Sol: Como e onde seu deus interior ou seu potencial sociológico é incorporado ao propósito pessoal.

Plutão/Marte: Como e onde seus impulsos inconscientes de contribuir para a sociedade transformam seus impulsos pessoais, ações e desejos.

Mercúrio/Netuno: Como e onde você percebe e comunica ideais ou significado definitivos.

Vênus/Netuno: Como e onde você compartilha sonhos universais, valores e amor nos relacionamentos ou através de talentos.

Lua/Netuno: Como e onde seu instinto pessoal de nutrição atua a nível universal.

Outras Tradicionais Partes Arábicas

A Parte do Amor: (Asc. + Vênus – Sol). Como seus valores e a natureza do amor expressam sua consciência total.

A Parte da Paixão: (Asc. + Marte – Sol). Como sua energia e desejos expressam sua consciência total.

A Parte do Crescimento: (Asc. + Marte – Sol). Melhor denominada Parte de Expansão, mostra como seus princípios e impulsos sociais expressam sua consciência.

A Parte das Amarras (Vínculos): (Asc. + Lua – o dispositor da Lua). Como você está ligado ao passado através da máscara que veste. Aonde você projeta sua ligação com o passado.

A Parte da Responsabilidade no Amor: (Asc. + Saturno — Vênus). Como suas responsabilidades expressam seu amor.

A Parte da Doença: (Asc. + Marte — Saturno). Como suas atitudes em relação à autoridade afetam suas ações e senso de responsabilidade. (A doença muitas vezes é o resultado de impulsos agressivos reprimidos.)

A Parte do Carma: (Asc. + 12.ª cúsp. — regente). Algumas vezes chamada de Parte dos Inimigos Particulares, mostra como você lida com seu carma na vida diária.

A Parte do Casamento: (Asc. + 7.ª cúsp. — Vênus). Como você incorpora seus valores e poder de amor com os de outra pessoa.

A Parte do Divórcio: (Asc. + Vênus — 7.ª cúsp.). Como seus valores e natureza do amor expressam sua capacidade de se relacionar. Se não for integrada é somente negativa.

7

OS NÓDULOS

Os Nódulos Lunares marcam os pontos onde a órbita da Lua cruza a eclíptica ou o caminho do Sol. O Nódulo Norte é onde ela cruza em direção ao norte e o Nódulo Sul onde cruza em direção ao sul. Eles estão sempre em oposição e atuam do mesmo modo que o aspecto de oposição. Todavia, não são funções da personalidade nem criam a atividade em si mesmos. Eles são pontos simbólicos da tensão criada pelo relacionamento Sol/Lua.

A Lua representa as lembranças passadas e os padrões de hábitos, muitos dos quais não são mais adequados ao propósito ou crescimento representado pelo Sol. Para o contínuo crescimento em direção à totalidade, os antigos padrões devem ser integrados na consciência total para que se desenvolva uma percepção mais ampla. A Lua também representa o veículo para a atividade do Sol e enquanto você age, desenvolve-se a tensão entre os dois nódulos, devido às suas reações que de algum modo se opõem ao propósito do Sol ou são inadequadas à sua consciência. Parte de você deseja se agarrar ao passado — uma parte condicionada por antigos padrões sociais. A casa do Nódulo Sul mostrará a área de vida que provavelmente o arrastará de volta aos antigos padrões. Outra parte de você sente-se desafiada a ir em busca de novas experiências que ampliem seus horizontes. A casa do Nódulo Norte mostra as atividades que oferecem este desafio com maior freqüência.

Aquilo que você faz natural e habitualmente no Nódulo Sul, tende a ser automático. Estas respostas foram aprendidas tão completamente e há tanto tempo que permaneceram abaixo do limiar da percepção. Por este motivo, a resposta torna-se um "refúgio", uma "torre de marfim", uma "linha de menor resistência" — que podem consumir a psique, pois envolvem atividade não dirigida.

A atividade do Nódulo Sul adquirirá significado pessoal e direção, somente se a experiência da casa e signo do Nódulo Norte estiver ativamente desenvolvida. Isto atrai a energia do propósito e direção do Sol para aquela casa a fim de encontrar o desafio do novo, aumentando a consciência total. Assim, a liberação da energia do Nódulo Sul é continuamente reabastecida por novas idéias, significado, potencial e propósito. O formato do Nódulo Sul pode ser compreendido como uma taça vazia sendo preenchida pelo jarro tombado do Nódulo Norte.

☊ N
☋ S

Quando o desafio do Nódulo Norte é ignorado, a ansiedade ou o medo associa-se ao Nódulo Sul. Sua "taça" está se esvaziando e você não a está reabastecendo com as experiências novas oferecidas pelo Nódulo Norte. O passado do qual você se tornou tão dependente está sendo afastado, nenhum futuro está sendo preparado para substituí-lo e você se sente perdido num deserto seco, sem nenhuma fonte de água. Este é um símbolo adequado, desde que a dependência do passado é uma característica emocional e a água é o símbolo da emoção e do passado.

Por outro lado, se você concentrar toda sua atenção no Nódulo Norte e se afastar de toda experiência do Nódulo Sul, a água se tornará estagnada, representando energias ou impulsos reprimidos, bloqueios psicológicos, complexos, etc. Finalmente a taça transborda e as energias e emoções não dirigidas inundam a consciência. Sua identidade fica perdida em atitudes coletivas, emoções, compulsões, e você não é mais capaz de conhecer a si mesmo como uma pessoa inteira.

A mensagem dos Nódulos é que você necessita tanto da consciência individual quanto do contato com o coletivo. Você precisa crescer como um indivíduo no Nódulo Norte e devolver esta nova individualidade ao coletivo, no Nódulo Sul. Caso não continue crescendo como um indivíduo, logo não terá nada para dar; recusando-se a dar quando *tiver* alguma coisa para dar, ela será afastada.

OS NÓDULOS e a FASE DA LUA: A tensão de todas as oposições traz a percepção. O ciclo lunar como um todo, simboliza o crescimento da consciência. A tensão entre as casas dos nódulos indica a direção em que este crescimento deve ocorrer. Elas mostram os opostos em sua vida que podem trazer maior percepção, a partir de qualquer ponto (fase da Lua) que você comece. Agora podemos reunir todos os fatores vitais ligados à fase da Lua — os Nódulos, a Parte da Fortuna e o Ponto de Iluminação.

A FASE: O Sol mostra a direção e propósito sempre renovados. A Lua representa as respostas passadas que entram em conflito, até certo ponto, com este propósito, independente da facilidade do aspecto. A fase mostra como a atual consciência do Sol está tentando transformar o passado.

A PARTE DA FORTUNA: Mostra a maneira particular de as emoções e respostas da Lua expressarem a consciência e propósito do Sol. O sucesso (uma palavra freqüentemente associada à Parte da Fortuna) depende do quanto você permitiu que suas respostas fossem transformadas pelo Sol. Aqui, você busca realização, felicidade e auto-expressão, e as respostas são muito claras em todos os mapas.

O PONTO DE ILUMINAÇÃO: Esta casa e signo trazem significado e importância que conduzem a uma satisfação maior, uma vez que você se torna consciente de um propósito através do qual pode se expressar (fortuna).

OS NÓDULOS: À medida que seu Sol/Lua atuam (de acordo com a fase) e se expressam (de acordo com a Parte da Fortuna) é criada uma tensão entre as casas dos Nódulos. É importante lembrar disto sempre, pois as inevitáveis tensões dos Nódulos sempre podem ser investigadas a partir do relacionamento Sol-Lua. Num mapa, não existe nada que não se relacione a alguma outra coisa e o principal objetivo deste livro é mostrar *como* todas as coisas estão relacionadas. Quando olhar objetivamente a tensão em seu próprio mapa e analisar intelectualmente os motivos, você estará a caminho de ser capaz de integrar estas tensões em sua própria psique.

OS NÓDULOS EM ASPECTO COM PLANETAS: Um planeta em conjunção com um dos nódulos é atraído para as tensões entre eles. Se o planeta estiver em conjunção com o Nódulo Sul o impulso natural é enfatizar a atividade desta função. Geralmente existe uma capacidade natural bem desenvolvida nesta função, mas quando usada sem a polaridade do Nódulo Norte, ela pode ser uma atividade fragmentada que dificulta o crescimento ao ficar presa a padrões coletivos, como buscar o sucesso sem permanecer em contato com as necessidades profundas do seu *self* interior.

Um planeta em conjunção com o Nódulo Norte, embora provavelmente mais fácil de se lidar, pode criar seus próprios problemas. Ao acrescentar sua energia à finalidade pessoal da polaridade, ele opõe ou *retira* energia da finalidade coletiva. Muitas pessoas nesta situação temem iniciar a experiência do Nódulo Sul, o que resulta nas emoções estagnadas que mencionamos anteriormente.

Planetas em conjunção com o Nódulo Sul atraem pessoas do passado para sua vida. Esses relacionamentos serão extenuantes (de acordo com o significado da casa e do signo), não porque houvesse necessariamente alguma coisa errada com eles, mas porque não são o que você necessita *agora* para seu crescimento. Contudo, eles não podem prejudicá-lo desde que esteja aceitando o desafio do Nódulo Norte. Eles *podem* ajudá-lo a encontrar maneiras de repartir os resultados do que você assimilou e aprendeu no Nódulo Norte. Um bom exemplo disto é o criminoso reabilitado que se confronta com seus antigos companheiros. Ele pode retornar aos seus antigos hábitos ou ajudá-los num programa de reabilitação. Planetas em conjunção com o Nódulo Norte atraem pessoas que o fazem crescer e aprender a ver as coisas sob uma nova luz, mas você deve repartir aquilo que aprendeu com os outros ou usá-lo ativamente em sua própria vida.

Os planetas em quadratura com os Nódulos criam conflitos porque a tensão dos Nódulos pressiona o planeta e, assim, ele é puxado em duas direções ao mesmo tempo, o que torna difícil a integração. Planetas em trígono com um Nódulo e sextil com o outro, são funções que podem ser úteis na integração da polaridade dos nódulos. O dispositor do Nódulo Norte representa uma função e atividade (planeta e casa) necessárias para a ativação do crescimento potencial do Nódulo Norte. O dispositor do Nódulo Sul é uma função e atividade necessárias na libertação da experiência do Nódulo Sul.

8

ECLIPSES

Acreditamos que os eclipses têm, acima de tudo, uma implicação espiritual. Os astrólogos os associaram com desgraças, mas isto porque no passado as pessoas, geralmente, não eram capazes de se relacionar com o alcance planetário das energias. Embora o objetivo deste livro não seja a astrologia espiritual, será útil e necessário uma discussão, pois em nossa época as pessoas estão se tornando conscientes, num nível mais profundo, de seu relacionamento com a Terra.

Dane Rudhyar escreveu que no Eclipse da Lua Nova (Solar), o futuro (Sol) é anulado pelo passado (Lua), enquanto no Eclipse da Lua Cheia (Lunar) o passado (Lua) é obscurecido pelo presente (Terra). Para nós, isto significa que a cada eclipse (Solar ou Lunar) um pouco do carma da Terra está sendo simbolicamente ativado. Durante um eclipse Solar, tudo fica obscurecido pela escuridão da sombra da Lua (passado ou carma) e somos forçados a viver uma nova expressão de um problema antigo, não resolvido, trazendo-o gradualmente para a percepção de nossa consciência. É importante lembrar que durante um eclipse Solar, o lado escuro da Lua está sendo iluminado pelo Sol. Será que isto significa que o lado escuro da alma deve ser enfrentado e integrado em nossa consciência? Num Eclipse Lunar, a percepção de nosso passado é simbolicamente destruída (a Terra anula a luz da Lua) e somos forçados a incorporar nossa maneira de viver a um propósito mais amplo, ou sermos, nós mesmos, extinguidos pelo propósito que nos recusamos a ver.

Como o diagrama a seguir indica, no Eclipse da Lua Nova (que é sempre um Eclipse Solar) o lado escuro da Lua recebe toda a força dos raios do Sol porque a Lua está entre o Sol e a Terra e em linha direta com ambos. No Eclipse da Lua Cheia (que é sempre um Eclipse Lunar) o lado iluminado da Lua está obscurecido pela sombra da Terra, pois a Terra está agora entre a Lua e o Sol.

ECLIPSE SOLAR ECLIPSE LUNAR
(Lua Nova) (Lua Cheia)

O ECLIPSE DA LUA NOVA: Como já dissemos, acreditamos que o lado escuro da Lua representa tudo que está contido num inconsciente mais profundo, intimamente ligado ao inconsciente coletivo ou lembranças raciais, mas que até agora não foi revelado ou não faz parte de nossas experiências. Simbolicamente, o eclipse da Lua Nova sugere que a luz do *Self* ilumina alguma coisa do passado, de importância coletiva e que deve ser vivida ou projetada instintivamente em nossas vidas.

Em termos de mapa natal, um eclipse de Lua Nova pode mostrar um indivíduo cujas responsabilidades com o coletivo parecem assumir o controle da vida pessoal. O destino pessoal está eclipsado e, portanto, ele pode sentir que suas próprias necessidades pessoais estão mergulhadas em necessidades mais amplas. A pessoa nascida sob um eclipse da Lua Nova não pode perseguir metas pessoais que não estejam dentro da necessidade coletiva. Se tentar viver apenas para si mesma, fica "cega" e não possui um guia interior para a direção pessoal. Suas próprias respostas e objetivos egoístas encontrarão a desgraça. Num lugar escuro, ela tomou a direção errada.

Se você for esta pessoa, deve aceitar seu papel mais amplo (Plutão) e a vida, de modo a beneficiar os outros. Plutão pode ser a chave do seu mapa e recomendamos que analise seu lugar na personalidade, assim como seus trânsitos e aspectos natais com o ponto de eclipse. Aqui, estamos falando de qualquer pessoa cuja Lua Nova antes do nascimento também estava em eclipse.

Num mapa voltado à eclipse, a fase Júpiter/Saturno é de extraordinária importância. Ela mostra como você atua em sociedade como um indivíduo separado e descreve não somente seu lugar na sociedade, como a importância que você confere a este lugar. (Para maiores informações, recomendamos *New Mansions for New Men*, de Dan Rudhyar.)

O ECLIPSE DA LUA NOVA EM PROGRESSÃO atua de modo semelhante. Ela mostra uma época em sua vida em que suas metas assumem a importância de algo mais coletivo do que pessoal. Ela pode mostrar uma época em que você pode ser temporariamente libertado dos fardos ou "débitos" passados a fim de adquirir uma responsabilidade maior. Embora nesta época você talvez não estivesse consciente do significado mais profundo, foi criada uma contribuição de natureza mais ampla.

Enquanto a Lua em progressão aumenta em luz, a consciência pessoal se insinua no quadro. O Sol está gradualmente iluminando os antigos padrões egoístas que foram colocados de lado na conjunção, cuja influência você agora precisa enfrentar (crescente). A consciência aumenta à medida que a Lua progride de Nova a Cheia. A iluminação do propósito que está por trás das experiências da Lua Nova é vivida. Assim, a Fase Crescente introduz um ponto extremamente crítico no ciclo que determinará se você é ou não capaz de surgir das estruturas pessoais do passado ou se elas simplesmente desmoronarão por não terem nada de novo que tome seu lugar na quadratura do Quarto Crescente.

O caráter "fatal" atribuído às eclipses é negativo no nível material apenas se a pessoa não estiver disposta a aceitar a morte do ego autocentrado, porque este tipo de "morte" acontecerá quer a pessoa a escolha ou não. Mesmo a pessoa que *realmente* encontra este desafio espiritual, sentirá que ele foi devido à "fatalidade" ou que sua vida está profeticamente vinculada a um destino mais amplo do que o pessoal.

O ECLIPSE DA LUA CHEIA: No eclipse da Lua Cheia você é forçado a atuar com plena consciência, embora não possa mais pedir ajuda de experiências passadas, emoções e lembranças para compreender seu propósito e direção. Você precisa de contato total com o *Self*, que lhe dá percepção num nível de realidade muito mais verdadeiro.

À luz do Sol, a Terra está lançando toda sua sombra (o passado ou carma) em tudo ao seu redor. Agora você precisa integrar este "passado coletivo" num propósito pessoal. Normalmente, uma personalidade de Lua Cheia é capaz de utilizar suas próprias experiências passadas (em qualquer época de sua vida) para atingir satisfação pessoal com alguma coisa fora de si mesma. O indivíduo com eclipse lunar não pode fazê-lo porque está tentando encontrar um lugar transpessoal no mundo, que um passado puramente pessoal não pode sustentar. Ele deve encontrar significado em seu passado cultural, social, histórico e religioso.

Se você permitir que as sombras de seu passado pessoal ou do passado coletivo se tornem tão amplas que o engulam, nunca encontrará satisfação. Você ficará arrasado durante toda a vida até que seja capaz de se tornar mais consciente e integrar a sombra do passado. Caso contrário, projetará sua sombra nos outros, provocando separações físicas e emocionais nos relacionamentos. Nas palavras de Carl Jung, com respeito às invasões do consciente pela sombra do inconsciente:

"É realmente um estado de *eclipse* da *consciência* onde as pessoas... fazem coisas perfeitamente malucas... Que pode ser um caso patológico, mas fantasias deste tipo também podem acontecer dentro dos limites da normalidade. Ouvi pessoas inocentes dizerem: 'Eu poderia retalhá-lo membro por membro'... Quando estas fantasias se tornam fortes e as pessoas temem a si mesmas, estamos falando de invasão"*

Se você decidir se voltar para o Sol através de uma percepção mais ampla, mais completa, ainda pode experimentar separações, mas essencialmente elas representarão *libertações* de um passado pessoal que lhe permitirão entrar mais completamente num tipo de experiência universal. O ECLIPSE DA LUA CHEIA EM PROGRESSÃO atua de modo semelhante, mostrando uma época em sua vida quando este propósito coletivo começa a transformar seu propósito pessoal.

---

* *Analytical Psychology: Its Theory & Practice*, por C. C. Jung, 1968, Pantheon Books (Random House), pág. 34.

9

A ESPIRAL DA VIDA

No *The Digested Astrologer*, vol. I, mostramos um aspecto do desenvolvimento espiral da vida no modo como um signo leva ao próximo e uma casa fundamenta as experiências da casa seguinte. Podemos ir um passo adiante e mostrar como cada signo não apenas descreve as atitudes e necessidades da casa que rege como pode levar ao desenvolvimento maior de sua correspondente casa natural. Sucessivamente, cada casa contribui para o desenvolvimento de seu signo correspondente no mapa natural. Este fato simples, óbvio, tem sido muitas vezes ignorado, mas ao considerar sua atividade em seu mapa, você abrirá novos caminhos para o crescimento consciente numa série progressiva de passos — mesmo sem considerar os trânsitos e progressões.

Ao ler os capítulos sobre Signos, Planetas e Casas sugerimos que considere os seguintes relacionamentos entre os signos e as casas naturais. Desenvolver a qualidade do signo leva ao aperfeiçoamento da casa natural correspondente, de acordo com o signo em sua cúspide. Ao mesmo tempo, buscar as atividades da casa, de acordo com seu signo regente, contribui para a qualidade e nível do signo natural correspondente. Esta é a "espiral da vida", onde cada um acrescenta ao crescimento do outro.

A seguir mostramos frases-chave curtas para demonstrar metade deste conceito, deixando que você inverta as afirmações e veja o efeito circular.

ESPIRAL DE SIGNOS E CASAS

♈ Percepção da identidade e início   (1)   auto-imagem
de nova atividade contribuem
para...

♉ Produtividade e construção de valores pessoais contribuem para...	(2) recursos pessoais e um senso de valor próprio mais forte
♊ Associações e a capacidade para usar a razão contribuem para...	(3) conhecimento
♋ Segurança emocional contribui para...	(4) bases pessoais
♌ Auto-expressão contribui para...	(5) atividade criativa
♍ Auto-análise contribui para...	(6) ajustes pessoais
♎ Percepção dos outros contribui para...	(7) relacionamentos cooperativos
♏ Envolvimentos profundos contribuem para...	(8) recursos unidos
♐ Contatos mais amplos contribuem para...	(9) pontos de vista mais amplos
♑ Identidade social contribui para...	(10) bases sociais e reputação
♒ Percepção social contribui para...	(11) metas do grupo e alianças sociais
♓ Compromisso baseado na receptividade a realidades mais elevadas contribui para...	(12) superar o passado

10
ÁRIES, MARTE
& A PRIMEIRA CASA

Áries representa a necessidade de se tornar um indivíduo mais bem definido. É aquela parte de você que está sempre no processo de se tornar autoconsciente. Naturalmente, como você é um adulto e faz parte de uma longa série de desenvolvimento cultural é, até certo ponto, um indivíduo consciente. Muitas pessoas são bastante autoconscientes, enquanto outras são bem menos. No início, as crianças não têm consciência de sua verdadeira individualidade, mas à medida que crescem tornam-se cada vez mais conscientes ao se colocarem à prova através de suas façanhas. Entretanto, sempre existem partes de nós mesmos que nunca foram trazidas ao controle consciente para que possamos expressá-las com consciência, tão bem como o fazemos apenas instintivamente. Nós somos sempre crianças, crescendo enquanto vivemos, no que diz respeito às nossas psiques.

O signo de Áries simboliza o surgimento ou nascimento da consciência ou individualidade a partir do consciente coletivo (Peixes). O consciente coletivo só pode atuar numa pessoa através da atividade instintiva — ação baseada em motivações inconscientes. Esta ação impulsiva "acontece" e durante algum tempo começa a "vê-la" acontecendo e a perceber algumas das motivações inconscientes, tornando-as conscientes. Como toda atividade instintiva pertence às lembranças coletivas e é condicionada por elas, o ato de trazê-la para a consciência ou sob o controle consciente é uma separação dos ideais e atitudes coletivos tornando esta atividade uma parte de sua psique individual.

Este é o motivo de muitos tipos fortemente arianos serem descritos com uma ênfase em sua *individualidade*. O principal potencial de crescimento de um Sol em Áries está em sua capacidade de se tornar um indivíduo separado até onde for capaz. Contudo, ele pode se tornar tão agarrado à individualidade que esquece que ainda está ligado à teia mais ampla da humanidade.

Pode inconscientemente manipular e dominar os outros em seu impulso "de fazer as coisas à sua maneira" e demonstrar sua individualidade, embora seja sua própria insegurança básica como indivíduo que o leva a ser assim.

A consciência é mental e Áries é um signo voltado à ação; assim, a personalidade ariana precisa *agir* sobre as idéias para vê-las conscientemente. Por isto, ela pode insistir que você aceite as suas idéias em vez de seguir aquelas em que você acredita e este também é o motivo que faz com que ela, quando atuando num nível mais elevado, possa realmente assumir o comando em termos de idéias. É daí que vêm as palavras-chave "pioneiro", "líder", etc.

A CASA de Áries mostra o lugar excitante onde a atividade instintiva, agindo livremente, lhe dá a oportunidade de se tornar mais consciente — contribuindo para seu desenvolvimento como uma entidade separada. Porém, é aqui que se não quiser se tornar separativo você precisa estar consciente dos outros para não diminuir a individualidade deles, através de sua dominância. Nesta casa você pode ser muito criativo, agindo sobre as energias criativas que estão abaixo do nível da percepção (Plutão). A alegria destas energias fluindo através de você pode fazer você sentir que realmente está em contato com as forças vitais em sua própria personalidade, que você define como "EU SOU".

Na casa de Áries você precisa de liberdade para expressar novas idéias e iniciar novas atividades para se afirmar de forma razoável, pois está tentando provar sua individualidade não somente aos outros como para si mesmo. Você não está preocupado em planejar antecipadamente, em diminuir a espontaneidade, nem com os resultados que possam ocorrer. Está preocupado apenas com a ação em si mesma, o espelho no qual pode "ver" o que anteriormente estava submerso.

Na melhor das hipóteses, a independência resultante lhe dá um senso de identidade individual, de coragem, inspiração e criatividade. Áries na 4ª casa por exemplo (sempre difícil de interpretar), indica a necessidade de trazer para a consciência aqueles sentimentos não reconhecidos que formam suas bases emocionais. Enquanto eles forem identificados com ideais coletivos e portanto inconscientes, você é incapaz de se sentir seguro como indivíduo. Áries na 4ª casa sugere que nenhuma tradição ou formação familiar ou cultural lhe oferece a força da qual possa depender. Portanto, você deve individualizar e tornar conscientes os recursos interiores que existem no consciente coletivo. Ao fazê-lo, você os torna seus, o que lhe dá coragem e aumenta seu senso de identidade. Envolver-se em atividades que permitam que os símbolos da individualidade, centralização, etc, fluam através de você na forma de idéias criativas, é um modo de revelar estes recursos interiores. Você pode fazê-lo em casa, como uma atividade criativa, mas poderia ser em qualquer lugar onde sinta estar em contato com seu *self* interior.

PLANETAS EM ÁRIES mostrarão funções da personalidade que precisam das novas experiências acessíveis na casa de Áries, para satisfazer as necessidades das casas que eles regem.

SOL EM ÁRIES: o propósito central de sua personalidade é formado e desenvolvido através da atividade auto-iniciativa da casa de Áries. O "ego" precisa se tornar consciente de si mesmo, provar a si mesmo, através da nova atividade iniciada na casa de Áries e assim, atuar com poder e objetivo na casa de Leão.

LUA EM ÁRIES: A segurança emocional procurada na casa de Câncer é determinada por sua capacidade de responder instintivamente ao estímulo da atividade de Áries. Se deseja encontrar estas necessidades emocionais, você precisa agir corajosamente. Padrões de hábitos cristalizados podem tornar sua resposta dogmática e dominadora se a consciência do Sol não for expressada. Aqui, a adaptação instintiva é exigida num nível elevado.

MERCÚRIO EM ÁRIES: As aptidões mentais são desenvolvidas através de sua capacidade de criar novas idéias. Você precisa provar sua identidade colocando estas idéias em ação. As atitudes independentes, dirigidas para o futuro, pioneiras que agem aqui, determinam o grau de satisfação nas casas de Gêmeos e Virgem.

VÊNUS EM ÁRIES: Você instintivamente retira novos valores do consciente coletivo e age para prová-los, tornando-os uma parte consciente, única, de sua própria individualidade. Talvez sua tendência seja sair apressadamente e "amar alguém" imediatamente, ou tentar forçar seus valores aos outros. Os novos valores e pessoas que você atrai para si mesmo aqui, preenchem as necessidades das casas regidas por Touro e Libra.

MARTE EM ÁRIES: Como Marte rege Áries, você satisfaz as necessidades de Áries em sua própria casa. O individualismo de Áries se revela claramente em suas ações enquanto elas são audaciosamente expressadas em seu signo natural, o signo da ação. Mas se faltar o "tempero" de Marte em signos posteriores, suas ações podem não trazer tanta consciência.

JÚPITER EM ÁRIES: Seu impulso progressivo, auto-iniciado de se movimentar agressivamente e expandir sua esfera de influência social e ampliar sua filosofia de vida preenche as necessidades de sua casa de Sagitário.

SATURNO EM ÁRIES: Sua capacidade para criar estruturas e definir sua identidade na casa de Áries determina o nível e o grau de reconhecimento recebido em sua casa de Capricórnio, bem como a estabilidade e qualidade de sua imagem social.

URANO EM ÁRIES: A habilidade para expressar sua própria singularidade, instintivamente necessita do espírito pioneiro e das novas atividades da casa de Áries para satisfazer as necessidades da casa de Aquário. A atividade espontânea na casa de Áries é aumentada pela presença da intuição e percepção dos potenciais em qualquer situação.

NO SÉCULO XX, NETUNO E PLUTÃO NÃO SERÃO ENCONTRADOS EM ÁRIES. Se bem que muitos indivíduos reconheçam e respondam às influências transformadoras destes dois planetas exteriores, talvez a humanidade como um *todo* ainda não esteja pronta para viver a próxima fase da espiral representada por estes planetas.

MARTE representa a função da personalidade que inicia toda ação e portanto estimula a identidade (Áries). Toda ação é baseada no desejo. (Você precisa querer alguma coisa antes de agir para consegui-la.) O desejo é um esforço instintivo para nos experimentarmos. Marte representa a natureza do desejo, e a posição de sua casa mostrará onde seus desejos se concentram com mais força, bem como *o que* você deseja. O signo descreve como você age para conseguir o que deseja. Os planetas em aspecto com Marte definirão quaisquer obstáculos ou conflitos, assim como as funções e áreas de vida que ajudam a estabelecer as necessidades da identidade. Exemplo: Marte em Touro na 3ª casa possui uma natureza de desejo um tanto materialista devido à necessidade de obter resultados, e isto atua na área da comunicação. Você quer provar aos outros que suas idéias têm valor, são produtivas e

64

ticas e assim, se comunica agressivamente. Enquanto Áries é o surgimento da identidade consciente, Marte é a função da identidade que se esforça para adquirir novas experiências e trazer alguma coisa necessária para *ativar* a identidade. Marte age sobre a necessidade de iniciar algo novo, e estas ações finalmente estimulam o crescimento da consciência ao dar forma aos impulsos inconscientes.

SE MARTE ESTIVER RETRÓGRADO, alguma coisa no início de sua vida impediu o fluxo normal da energia do desejo e deteve sua habilidade para provar a si mesmo. Aspectos com Marte e seu dispositor podem fornecer pistas. Esta experiência internalizou sua energia e assim a atividade da casa de Áries é dirigida para dentro e menos compartilhada com os outros até que você reconstrua suas bases para a ação na casa de Marte. Com freqüência existe um impulso para voltar as energias do desejo para o interior e assim descobrir nossos próprios motivos. Freud tinha Marte retrógrado, o que foi a chave para seu interesse por psicanálise. De qualquer maneira, as atividades da casa de Marte retrógrado oferecerão oportunidades para descobrir ou entrar em contato com as motivações, pois você muitas vezes parece fazer determinadas coisas repetidamente até entender por que.

Além de Marte, também achamos que Plutão está fortemente relacionado à identidade de Áries. Embora o efeito de Plutão na casa de Escorpião seja muito forte para negar sua regência, descobrimos que a experiência regenerativa de Escorpião leva a uma identidade renascida, a um viver a natureza do desejo, em Áries, mais dirigida ao grupo. Para mais informações leia "Áries — Eu renasci".

A PRIMEIRA CASA caracteriza a natureza de sua autoconsciência e mostra onde você fisicamente se apresenta num mundo material. O signo descreve as experiências que levam mais diretamente ao autocrescimento e percepção. Você se identifica com estas experiências e "vê a si mesmo" como este tipo de pessoa. O signo se torna uma espécie de papel que você representa — algumas vezes chamado de "máscara da alma", outras de *persona*. Como a primeira casa surge da 12ª casa (relacionada ao coletivo ou à sociedade como um todo) e indica o condicionamento de sua primeira infância, o signo na primeira casa é uma qualidade condicionada ou estruturada que descreve seu estilo natural e instintivo de se relacionar com o mundo exterior.

SE você vê a si mesmo neste papel, obviamente está projetando esta qualidade nos outros. Na verdade, eles vêem isto mais

65

do que você e o crescimento e autoconsciência mais completa vêm através do *feedback* da 7ª casa, onde você pode estar projetando qualidades negativas do signo ascendente sobre os outros. Devido a este *feedback* você pode aperfeiçoar sua personalidade, encontrando significado mais profundo e um propósito maior para aquilo que está projetando, ou para o papel que está representando.

O regente do Ascendente mostra, por casa e signo, as experiências necessárias para desenvolver a autoconsciência. Se o regente do Ascendente estiver *interceptado*, você precisa executar as atividades de sua casa calmamente, para desenvolver sua personalidade exterior. Depois de adquirir mais experiências na área desta casa, será capaz de manifestar a qualidade do signo e do planeta interceptados.

Iniciar continuamente a atividade na casa de Áries, contribui para o crescimento da autoconsciência na primeira casa. Devemos notar que a nova atividade de Áries deve ser sempre iniciada dentro da estrutura da atitude e abordagem de seu *Ascendente*. Mesmo a qualidade do signo de Marte atua no signo ascendente. Em outras palavras, todas as atitudes e funções do mapa são filtradas através do Ascendente, que á a abordagem básica às situações na vida.

ASPECTOS COM O ASCENDENTE mostram qualidades que os outros vêem em você como sendo uma parte daquilo que você projeta. Essencialmente todos os planetas devem "projetar" através do Ascendente, mas os que formam aspecto o fazem mais fortemente e com mais consciência ou autopercepção. Dan Rudhyar enfatizou especialmente o relacionamento do Sol com o Ascendente por fase e por aspecto. Para mais informações, leia o capítulo sobre planetas. Para descrições detalhadas sobre os aspectos, veja também o capítulo sobre fases-aspectos.

CONJUNÇÃO: A conjunção é particularmente forte porque a função do planeta está "bem ali" onde os outros a vêem mais fortemente. Você tende a se identificar com a função, pois ela está sendo projetada exteriormente como parte de sua "máscara". Por exemplo, Vênus em conjunção com o Ascendente mostra uma pessoa que projeta seus *valores* exteriormente sobre os outros. Ela pode se *identificar* com sua própria "beleza" ou projetar alguma coisa bela ao viver seus valores onde os outros possam vê-los atuando.

SEXTIL/TRÍGONO: Um planeta com algum destes aspectos é uma função de sua personalidade que você incorpora naturalmente e com facilidade em seu contato com o mundo e que projeta harmoniosamente nos outros.

QUADRATURA: Um planeta em quadratura com o ascendente desafia sua identidade pessoal ao projetar uma qualidade que não está em harmonia com seu signo ascendente ou sua abordagem natural à vida. Ela está dizendo "você precisa mudar o modo de me projetar ou será apanhado por minha negatividade". Aquilo que você projeta o desviará da verdadeira individualidade. Muitas vezes parece mais fácil usar a negatividade do aspecto para obter reconhecimento, compaixão, simpatia das outras pessoas. Contudo, se você reorientar as motivações que estão por trás daquilo que está projetando (quadratura na 4ª casa) ou alterar a qualidade das experiências externas (quadratura na 10ª casa), terá a oportunidade de usar construtivamente a energia deste aspecto.

OPOSIÇÃO: Quando um planeta está em oposição ao ascendente, você vê as suas qualidades da 7ª casa reveladas e materializadas através das pessoas com quem está intimamente ligado. Por sua natureza oposta, este planeta desafiará a imagem pessoal que você projeta definida pelo signo ascendente; este desafio pode trazer maior autopercepção e o potencial para integração. Se houver qualidades negativas não resolvidas no signo ascendente, elas podem ser projetadas nas pessoas que você encontra através das experiências da 7ª casa. Carl Jung afirma que a projeção, dentre todas as atividades inconscientes, é uma das mais difíceis de detectar em sua própria personalidade. A única maneira de descobrir se você está fazendo isto, é verificar as impressões que está recebendo dos outros, com dados objetivos a respeito deles. Se os seus relacionamentos estão provocando reações que estão além de seu controle consciente, ou se as pessoas que atrai para sua vida parecem ser negativas, dê uma boa olhada em si mesmo e forme sua opinião objetiva do por que isto está acontecendo. Se você tem problemas nos relacionamentos, o regente da 7ª casa pode mostrar este "porquê". Se projeta fatores inconscientes da personalidade em outra pessoa, o regente da 1ª casa pode mostrar por que. Os planetas que estão na 7ª casa indicam as necessidades que precisam ser preenchidas através dos relacionamentos. Os *tipos* de necessidades serão mostrados pelas casas que estes planetas regem e as necessidades serão materializadas pelas pessoas com quem você se relaciona.

11
TOURO, VÊNUS
& A SEGUNDA CASA

Touro, o lavrador do zodíaco, representa a saída rápida das energias psíquicas de Áries atreladas ao arado. Touro valoriza os resultados da ação de Áries e compreende quais e quantos passos são necessários para atingi-los porque este signo possui um senso inato do processo natural oculto em qualquer atividade produtiva. É por isso que Touro tem essa capacidade surpreendente de levar as coisas até o fim. É também a razão para a passividade ou preguiça do Touro negativo, que vê quanto trabalho estará envolvido e reluta em se envolver no projeto. A ênfase pode estar no prazer com alguns tipos de resultados na casa de Touro e não na atividade produtiva.

O segundo signo lida com a necessidade emocional de possuir alguma coisa que você possa desfrutar com os sentidos, que tanto podem ser os cinco sentidos comuns quanto alguns tipos de sensibilidade mais elevada. Por este motivo Touro é o signo mais sensível do zodíaco. A necessidade de possuir e desfrutar pode dirigi-lo com a determinação de ser produtivo e prático nas coisas de sua casa para produzir resultados palpáveis que possam ser experimentados desta maneira.

Aqui a identidade de Áries cria raízes. Em sua casa de Touro você encontra os resultados da ação que iniciou em Áries. A principal preocupação de sua casa é: qual a utilidade destas pesssoas ou coisas para mim? Isto pode ser muito egoísta ou pode surgir da compreensão de que o significado da experiência ou atividade depende de seu propósito útil em algum nível. Quando Touro não é totalmente materialista, percebe intuitivamente o propósito maior e os ritmos ocultos abaixo da superfície.

Vindo logo depois de Áries, Touro ainda contém muita ação instintiva ou inconscientemente inspirada e depende da qualidade das idéias de Áries para seus resultados. Num nível geral, esta produtividade é material ou física por natureza, mas se a energia

69

de Áries representa a criatividade altamente desenvolvida, os resultados de Touro serão na forma de expressão social ou artística e o que é feito tem implicações estéticas ou espirituais por trás de sua natureza prática.

VÊNUS representa a função da personalidade envolvida com sua capacidade para construir valores materiais e pessoais, baseada nas experiências obtidas de Marte. Os valores construídos determinam aquilo que você ama e aprecia. O amor é o poder de sedução que está dentro de você e que atrai aquilo que deseja usufruir ou utilizar na casa de Touro. A partir de um outro ponto de vista, Vênus é o centro dos esforços para realizar o significado e a importância daquilo que está fazendo na casa do Sol. A capacidade de apreciar, assim como o nível de seus valores, permanece por trás da maneira como você (o Sol) dirige e integra todas as funções da personalidade. (A compreensão destes tipos de inter-relacionamentos dos planetas leva não apenas à facilidade para sintetizar um mapa, como integrar sua própria personalidade e atividades num propósito unificado. Para maiores detalhes, veja o capítulo 3.)

A posição da casa de Vênus mostra aquilo que você mais valoriza e aprecia. O poder de amor de Vênus é muitas vezes magnético, atraindo-o para os outros e tornando-o atraente para eles. (Veja o capítulo sobre Libra para saber mais a respeito deste lado de Vênus.) Geralmente, a ligação de Vênus com Touro refere-se ao material e ao físico, seja alimento, procriação, posses ou a expressão física de algo artístico. Em seu relacionamento com Libra, Vênus se refere especificamente a valores interpessoais baseados em seus relacionamentos. Por signo e aspecto, Vênus mostrará a natureza de seu poder atrativo, e sua casa mostra o tipo de experiências que você valoriza e atrai para si mesmo.

QUANDO VÊNUS É RETRÓGRADO no nascimento, você reexamina os valores de sua casa de Touro num nível mais elevado. Os sentimentos interiores resultantes das experiências da casa de Vênus subconscientemente estimulam mudanças de atitude com respeito às posses e ao prazer do mundo pessoal, material ou físico. Devido ao processo de reavaliação, existe alguma dificuldade na expressão exterior de seus valores, sentimentos, apreciação e amor na casa de Vênus, o que retarda a realização dos prazeres de Touro.

MARTE e VÊNUS juntos representam suas energias criativas. A sexualidade, a criatividade artística, a habilidade de liberar energia através da atividade ou ''recreação'' são maneiras de reproduzir sua identidade de Áries no mundo material. A fase de relacionamento entre estes dois planetas mostra como atua esta energia Yang/Yin. A parte mostra a área de vida através da qual você libera as energias mais naturalmente. A casa de Áries é onde você precisa se experimentar através da ação agressiva de Marte. A casa de Touro é onde você precisa obter resultados e usufruir as conseqüências da experiência de Marte. A Era Vitoriana provou que reprimir os impulsos Marte/Vênus provoca apenas problemas psicológicos. Por outro lado, a nova era de amor livre também está provando que a expressão irrestrita torna-se aborrecida, exaustiva ou insatisfatória devido à falta de envolvimento emocional. Alguns psicólogos dizem que o significado deste fenômeno é uma necessidade crescente de utilizar as energias sexuais ou reprodutoras para a realização criativa ou cultural.

Sempre que Vênus está numa fase *minguante* com Marte, parece certo que a atividade destas energias necessita expressar mais *significado* do que satisfação pessoal. A parte mostra a área de atividade onde o "significado" pode ser mais facilmente encontrado. Se esta pessoa está tendo conflitos importantes com relação à sua vida sexual, ela provavelmente não está utilizando estas energias naquela área. Se Marte e Vênus estão *crescentes* a satisfação pessoal é predominante. Isto significa que as energias devem ser utilizadas no desenvolvimento de seu próprio senso pessoal de sexualidade ou de sua própria expressão criativa, em qualquer nível. As descrições das oito fases de Marte e Vênus mostram de maneira resumida como seus desejos o fazem definir seus valores, como suas ações agressivas trabalham em ritmo com seu lado passivo, receptivo. Elas mostram como você age para obter aquilo que valoriza.

Contudo, aquilo que você deseja (Marte) nem sempre está em harmonia com seus valores (Vênus). É quando Marte, através dos resultados da atividade que inicia, faz com que você construa valores mais fortes. Se Marte é forte e Vênus é fraco, os desejos podem atuar com pouca consideração pelos valores. Aqui você encontra um forte potencial para o sexo sem amor ou consideração pelo parceiro. Ou ele pode surgir como uma falta de capacidade para realmente aproveitar os valores sensuais. Se Vênus for mais forte, a receptividade da pessoa ou a natureza do amor são fortes, mas a capacidade de tomar a iniciativa num relacionamento amoroso é mais fraca. Esta pode ser a pessoa que utiliza o impulso reprodutor numa atividade criativa que não o sexo.

71

Um pouco do equilíbrio de Marte e Vênus depende do sexo da pessoa. Marte no mapa de uma mulher representa parte do lado inconsciente submerso de sua natureza, simplesmente porque ela é um corpo feminino, e seus hormônios têm um equilíbrio diferente do de um corpo masculino. Portanto, uma mulher responde particularmente a um homem descrito pelo signo de seu Marte, pois ele revela ou materializa estas qualidades em si mesma. Um homem responderá particularmente a uma mulher que corresponda à descrição da posição do signo de seu Vênus, pois seu lado receptivo está parcialmente submerso e ela o revelará ou materializará para ele. Até muito recentemente, a sociedade condicionou os homens a reprimirem seu lado feminino — delicadeza, amor à música e às artes, intuição, etc. — e a mulheres a reprimirem seu lado masculino — o impulso por identidade, realização, criatividade, autonomia intelectual, etc. Por estas razões os aspectos entre Marte e Vênus num mapa, terão diferentes significado e peso num mapa masculino e num mapa feminino.

A FASE de Vênus com Marte atua da seguinte maneira:

NOVA: Seus valores atuam instintivamente através de seus impulsos agressivos. Provavelmente você é espontâneo em sua vida sexual e projeta sua sexualidade de modo magnético. Num nível criativo você expressa seus valores inconscientemente através da atividade.

CRESCENTE: A atividade que inicia (sexual ou criativa) força você a lutar com os valores passados relacionados à casa de Vênus. Para ser receptivo você se sente dependente de alguma coisa nesta casa. Entretanto, Marte o força a desistir disto, pois os antigos valores não podem atuar no aqui e no agora.

QUARTO CRESCENTE: Marte forçou Vênus a se libertar dos valores passados porque eles não são mais adequados às necessidades presentes. Enquanto você os vive, estes novos valores encontram desafios dos outros que o forçam a construir estruturas nas quais possam atuar. Marte (desejo) continua forçando seu Vênus a fazê-lo. Assim, sua vida amorosa será cheia de crises e mudanças.

CONVEXA: Você busca técnicas em todos os níveis, sexual e criativo. Suas ações o levam à percepção necessária para aperfeiçoar seus valores e você questiona sua expressão para desenvolver melhores técnicas pessoais.

CHEIA: Sua vida sexual é instável até que encontre significados mais profundos em seus relacionamentos, o que inclui as necessidades e valores da outra pessoa. Você está dividido entre seus valores e desejos até que aprenda a conscientemente dirigir suas ações baseadas na experiência passada.

DISSEMINANTE: Para tornar seus valores mais significativos você precisa vivê-los. Seus relacionamentos baseiam-se neste desejo de divulgar significado e valor através da expressão do amor. Você precisa encontrar um parceiro que objetive seu ideal consciente. A nível sexual está pronto para manter um relacionamento significativo e partilhar ideais com a outra pessoa *ou* pode simplesmente ser um parceiro sexual "disseminador" para muitas pessoas, pois egoisticamente pensa ser um presente de Deus para o sexo oposto.

QUARTO MINGUANTE: Você passa por uma crise interior em seus relacionamentos ou desejos sexuais anteriores pois superou seus valores e novos valores estão surgindo na vida interior. Até que esteja certo destes novos valores, continua com a mesma abordagem às suas experiências de Marte, durante todo o tempo tendo consciência que eles estão se tornando menos significativos porque foram aprendidos e não são verdadeiramente seus. Somente um relacionamento sexual não preenche mais suas necessidades. Você precisa dar e receber respeito como pessoa e num nível mais consciente.

BALSÂMICA: Você vive num novo conjunto de valores com os quais a sociedade não concorda. Você se compromete com estes valores, que mais tarde talvez possam ser vividos abertamente por muitas pessoas. Se encontrar um parceiro com um sistema semelhante de desejo-valor, pode ter um relacionamento satisfatório e significativo mas que de algum modo será diferente, indo do altamente idealista ao socialmente inaceitável.

Se não puder encontrar este parceiro ideal isto pode ser um sinal de que precisa sublimar a energia sexual em atividade criativa. Mesmo que encontre tal parceiro, você precisará encontrar outros níveis de expressão. Basicamente, esta fase parece mostrar uma necessidade de juntar a polaridade masculino-feminino em sua própria natureza e nos relacionamentos. Portanto, esta fase pode algumas vezes indicar o místico ou ocultista que atinge a "união mística" ou o uso deliberado e consciente das energias sexuais com propósitos espirituais. Negativamente, isto pode compreender a magia negra onde o sexo é usado para alcançar os planos astrais.

A SEGUNDA CASA é tradicionalmente associada ao dinheiro e posses pessoais. Psicologicamente, esta interpretação é inadequada. A segunda casa também possui recursos interiores, como talentos, assim como as essências do corpo. A "essência" necessária para as atividades da segunda casa pode ser material, mas muitas vezes é emocional ou mental. Todos estes recursos (interiores ou exteriores) são os bens com os quais você enfrenta a vida. Você pode atrair tudo que foi acumulado aqui para lidar com todas as situações na vida. Estes bens compreendem seu senso de valor próprio, auto-estima, autoconfiança. Esta é realmente sua "casa de valores" — o valor que você determina para si mesmo.

O signo na segunda casa define o que você necessita para construir seu valor próprio, ou aquilo sobre o qual ele está baseado, assim como suas posses materiais. Mostra como você lida com seus bens. O regente mostra onde você é capaz de satisfazer as necessidades deste signo e construir "essências" para si mesmo *sem* depender de outra pessoa para fazê-lo em seu lugar. As oposições entre a segunda e a oitava casas (ou entre seus regentes) enfatizam a importância de se sustentar sobre seus pés, embora você tenha que equilibrar esta independência material, compartilhando bens com os outros para atingir um propósito mais amplo. E, na realidade, seus valores e posses se tornam mais significativos quando se juntam aos dos outros. Contudo, isto é importante mesmo que dependa de um cônjuge, um parente, etc., para desenvolver os bens da segunda casa. Isto é verdadeiro não somente porque em alguma época de sua vida você pode se encontrar sozinho e "por sua conta", mas também porque é desenvolvendo seus recursos pessoais e talentos que você compreende seu próprio valor.

12

GÊMEOS, MERCÚRIO
& A TERCEIRA CASA

Gêmeos está relacionado à percepção do princípio da dualidade do Yang/Yin, Masculino/Feminino, Dia/Noite e assim por diante — tudo que é expressado na forma de opostos. (Isto pode ser visto na casa de Gêmeos, onde você deseja compreender como suas experiências de Áries e Touro estão relacionadas.) Uma vez que todas as coisas no mundo conhecido estão baseadas na dualidade, Gêmeos está interessado em tudo! A casa de Gêmeos mostra onde, motivado pela curiosidade e necessidades mentais, você se torna pessoalmente envolvido numa série de atividades, contatos e associações que aumentam seu conhecimento. Aqui, você está envolvido em tantas experiências que acha necessário classificá-las, necessita colocá-las em algum tipo de estrutura intelectual que possa compreender, para não ser esmagado pela complexidade da vida. Num nível você pode simplesmente se tornar muito ágil com as palavras e usá-las para atingir seus próprios fins. Aquilo que diz pode se basear apenas numa grande quantidade de experiências ou no conhecimento real. Se necessário, Gêmeos é o signo que pode provar que preto é branco. Alguns tipos de Gêmeos se comunicam indiscriminadamente, sem considerar se a outra pessoa precisa ouvir ou não, com o propósito de desenvolver suas próprias personalidades. Não é de admirar que Gêmeos seja chamado de superficial!

Contudo, existe um outro lado de Gêmeos que poucos reconhecem. O poder das palavras é atualmente uma das mais importantes influências em nossa vida, e o Gêmeos positivo não apenas tem as palavras certas para tudo, como também está consciente da influência que terá sobre os outros e sua responsabilidade ao utilizá-las. Gêmeos pode nem mesmo estar usando *palavras*. James Hansen, escultor, com um forte mapa de Gêmeos, comunica conceitos intelectuais do passado profundo da humanidade através do trabalho de suas mãos. (Mercúrio rege as mãos e os braços.) Estes conceitos têm um forte impacto emocional que, como acontece com todas as coisas místicas, não pode ser completamente colocado em palavras. É interessante notar que algumas das dualidades básicas que Gêmeos sugere são consciente-e-inconsciente, mente-e-emoção, pensamento-e-sentimento. Espiritualmente o Gêmeos evoluído une todas estas coisas de alguma forma, como a escultura, o poema, o romance, etc. As pessoas que persistem além do significado superficial das experiências de sua casa de Gêmeos descobrirão símbolos e um significado mais profundo vindos do inconsciente, o que contribui para seu poder de comunicação.

Gêmeos representa um estágio em que todas as coisas devem ser conhecidas à luz daquilo que já compreendemos, e a família (simbolizada por Câncer) representa simbolicamente "a esfera do conhecido". Geminianos negativos, apanhados na dualidade do bem e do mal, projetam todo tipo de escuridão inconsciente na família. Numa tentativa de proteger a segurança da família, podem erguer muitas estruturas intelectuais e formas — que alguns chamam de "tabus". "Você só pode fazer isto. Você não pode fazer aquilo. Isto é bom. Aquilo é mau."

Como sua casa de Gêmeos se relaciona com sua casa de Câncer? Será que você faz uma rígida estrutura intelectual das experiências de Gêmeos e as coloca ao redor de suas experiências de Câncer para que o livre fluir da vida emocional de Câncer seja represado pelas paredes da mente? A Psicologia nos adverte que se nos protegermos muito fortemente de nosso próprio inconsciente em nossa natureza instintiva, ficando rigidamente "conscientes" e lógicos, o inconsciente surgirá na forma de complexos e reações incontroláveis. Todos os signos têm suas formas particulares de doença, e a neurose de Gêmeos é o uso da lógica como uma defesa contra o inconsciente, embora o complexo deste signo seja uma projeção — um espírito, um demônio, um guia ou alguma coisa que irrompe da noite.

MERCÚRIO rege a mente concreta, que lida com os fatos. É a capacidade de perceber relacionamentos de todos os tipos — nas coisas, pessoas ou idéias — e de analisar, classificar e armazenar toda a informação adquirida no processo. Gêmeos mostra onde a percepção dos relacionamentos é mais importante em sua vida e, portanto, onde você necessita de uma variedade de experiências. Sendo capaz de ver como as coisas ou pessoas são *parecidas* não somente você amplia seu repertório de conhecimento em termos de construir conceitos, como isto pode ajudá-lo a encontrar maior autocompreensão. O signo e a casa de Mercúrio mostram aonde e como esta capacidade de perceber é formada e desenvolvida. Sua habilidade para usar a lógica e a razão aqui determina sua capacidade de se comunicar, fazer diversas associações e compreender as experiências da casa de Gêmeos. Mercúrio simboliza a capacidade da mente concreta de perceber tudo que chega através dos sentidos, enviando a imagem ao cérebro, onde ela é armazenada na memória (Lua). Grande parte da maneira como percebemos qualquer coisa é precondicionada pela sociedade em que vivemos e até mesmo pelo estágio da evolução psicológica coletiva. De acordo com pesquisas recentes, até mesmo os conceitos de "cima, baixo, horizontal, vertical" são precondicionados em estágios iniciais na infância. A capacidade de perceber as coisas em perspectiva parece ter estado quase ausente na Idade Média, de acordo com o que descobrimos em pinturas desta época. Em todos os processos mentais mais adiantados e complicados, o mesmo precondicionamento persiste. O relacionamento de Saturno com Mercúrio mostra alguma coisa a respeito do tipo de limites colocados em sua capacidade para perceber e pensar. Saturno concentra suas percepções em áreas determinadas até que você aprenda a usar estas experiências de modo consciente.

Saturno constrói as fronteiras entre consciente e inconsciente. Nosso condicionamento parental e social nos diz quais as coisas que podemos lembrar ou mesmo aceitar através de percepções conscientes. Assim, Saturno no mapa dará alguma pista sobre o modo como Mercúrio pode obter dados do armazém de lembranças da Lua. Aspectos difíceis podem mostrar bloqueios e limitação na percepção devido a atitudes cristalizadas. Aspectos fáceis podem mostrar o acesso ao inconsciente, mas um controle consciente é mantido sobre os dados revelados. A fase de relacionamento é importante entre Mercúrio/Lua e Mercúrio/Saturno pois mostra o fluxo natural de energia entre consciente e inconsciente e como as estruturas mentais atuam.

O signo de VIRGEM simboliza outro lado da mente de Mercúrio, que é inseparável do lado perceptivo de Gêmeos. É a capacidade de analisar as experiências e relacionamentos que a mente guarda e classifica a fim de decidir quais são úteis e quais necessitam ser eliminados para uma eficiência maior. Isto também tem um efeito determinante sobre o que é consciente e o que é inconsciente. Aquilo que não será imediatamente utilizado é deixado nas áreas inconscientes do cérebro regidas pela Lua. Na maioria dos casos, o cérebro computadorizado ou aspecto bibliotecário de Mercúrio (Virgem) pode encontrá-lo quando necessário. Em outros casos, Saturno o censura e detém. Em outros casos ainda, os planetas inconscientes o mantêm preso em algum lugar do inconsciente mais profundo. Muitas destas possibilidades podem ser vistas no aspecto de Mercúrio com Saturno e com os planetas inconscientes. Esses aspectos mostrarão sua receptividade aos dados que fluem não somente do inconsciente pessoal como do consciente coletivo, e também como as influências sociais podem bloquear ou controlar o fluxo natural entre os dois. De acordo com Jung, esta é a grande chave para a totalidade. A capacidade de permanecer consciente e ao mesmo tempo perceber o inconsciente e continuar aberto às suas mensagens é necessária para a saúde mental. Esta é a meta do processo de Mercúrio — do mensageiro dos deuses que deseja se relacionar com o mundo dos sentidos e o mundo da alma. A importância de Mercúrio para a evolução da personalidade nunca foi totalmente explicada pela astrologia tradicional.

Agora torna-se claro que combinações como Lua em Gêmeos, Mercúrio em Câncer ou a 4ª casa, Lua em aspecto com Mercúrio, Lua na 3ª casa, etc., ajudam a unir os dois lados de nossa consciência total — o lógico e o irracional. Com estas combinações, sempre existe a necessidade de evitar o pensamento emocional, a superintelectualização das emoções e a falta de concentração. Por outro lado, as qualidades nutridoras da água tornam os processos mentais frutíferos e produtivos.

MERCÚRIO RETRÓGRADO será visto em detalhes no capítulo sobre Virgem, uma vez que Virgem torna-se a principal influência quando Mercúrio encontra-se nesta condição. Igualmente, nas descrições a seguir sobre o relacionamento de Mercúrio com todos os planetas, não mencionamos seu relacionamento com o Sol. Este será visto em Virgem pois o Sol é uma parte importante da função retrógrada. Nós já descrevemos o relacionamento com a Lua, que é definida por Mercúrio. Todos os outros planetas definem Mercúrio; assim, agora veremos como a mente é afetada pelas outras funções da personalidade.

VÊNUS/MERCÚRIO: O impulso de Vênus para os relacionamentos e seu senso de valores determinam os tipos de associações que você faz, como se comunica e o conhecimento que adquire. Por ter valores, você deseja compreender o significado dos relacionamentos. Seus relacionamentos moldam sua capacidade de comunicação.

Exemplo: Vênus em Gêmeos na 7ª casa, Mercúrio em Áries na 4ª. Os valores que obtém através de relacionamentos intelectuais definem a maneira de estabelecer bases intelectuais independentes para estes relacionamentos.

Exemplo: Vênus em Câncer na 7ª casa, Mercúrio em Gêmeos na 5ª. Os valores obtidos através de relacionamentos sensíveis, íntimos, formam sua comunicação criativa ou romântica.

MARTE/MERCÚRIO: Sua habilidade de agir independentemente como um indivíduo define a coragem na comunicação de suas próprias idéias.

Exemplo: Marte em Touro na 10ª casa, Mercúrio em Libra na 3ª Seu impulso por realização prática no mundo exterior define seu impulso por um tipo de comunicação intelectual, possivelmente artística.

JÚPITER/MERCÚRIO: A capacidade de ampliar sua vida através da participação da vida em grupo define sua capacidade para comunicar sua individualidade aos outros.

Exemplo: Júpiter em Peixes na 3ª casa, Mercúrio em Escorpião na 11ª Seu impulso por expansão mental através do compromisso com um ideal define sua capacidade de perceber profundamente e de comunicar as metas do grupo.

URANO/MERCÚRIO: Sua intuição, espírito inventivo e capacidade para ver além das limitações daquilo que foi estruturado pela sociedade formam a habilidade para libertar sua mente e percepções de padrões precondicionados o suficiente para trazer algo novo para a mente consciente. Em aspecto, isto pode fazer de você um excêntrico ou um gênio.

NETUNO/MERCÚRIO: A sabedoria que adquiriu da experiência acumulada e do contato com imagens coletivas profundas do inconsciente que lhe permitem ver a totalidade da vida, define sua habilidade para ver os fatos fundamentais num contexto mais amplo. Em aspecto lhe oferece a capacidade para sintetizar combinações complexas ou cria confusão.

Exemplo: Netuno em Leão na 8ª casa, Mercúrio em Aquário na 2ª O modo como você sacrifica a centralização do ego ao lidar com os recursos dos outros forma sua habilidade em utilizar seus recursos intelectuais singulares para enfrentar a vida e manter-se materialmente.

PLUTÃO/MERCÚRIO: Seu contato com o inconsciente pessoal mais profundo e as imagens do inconsciente coletivo determinam o grau em que você conscientemente se relaciona com a sociedade em seu sentido mais amplo. Em aspecto, eles o tornam competente em pesquisa, propaganda política, psiquiatria ou ministério, ou então a comunicar compulsivamente emoções que foram reprimidas por muito tempo.

Exemplo: Plutão em Câncer na 8ª casa, Mercúrio em Touro na 6ª Sua habilidade para permitir que os relacionamentos liberem e transformem energias emocionais voltadas para si mesmo, profundamente escondidas, cria os poderes de comunicação que você traz para seu trabalho diário ou serviços pessoais.

A TERCEIRA CASA representa a compreensão obtida através do conhecimento. Todas as experiências que temos com parentes, vizinhos, ligações na comunidade e educação, contribuem para esta compreensão, assim como para a qualidade geral de nossa mente. A casa de Gêmeos representa atividades específicas dentro de quaisquer limites da comunidade, e estas atividades contribuem para o nível do funcionamento da 3ª casa. Assim, Gêmeos na 7ª casa pode indicar relacionamentos pessoais ou contatos dentro da comunidade que contribuem para o conhecimento da 3ª casa de modo particularmente importante.

O signo na 3ª casa mostra suas necessidades psicológicas por compreensão e suas atitudes com as pessoas e atividades da casa, assim como suas atitudes gerais e maneira de aprender. O regente mostra uma função de personalidade mais eficaz em seu crescimento mental e o que revelam as atitudes. Quando você tenta combinar suas próprias idéias com as dos outros, descobre o quanto é mentalmente estável (9ª). Você é capaz de encontrar significado maior dentro das estruturas de pensamento mais amplas no mundo exterior sem perder suas próprias idéias?

Planetas na 3ª casa trazem uma ênfase singular e caracterização às suas atitudes com respeito à educação e conhecimento em geral. Como mencionado anteriormente, um *stellium* não apenas é poderoso como muitas vezes provoca confusão. Um *stellium* aqui traz confusão mental pois precisamos aprender a lidar com esta variedade de conceitos totalmente diferentes e associações mentais. Planetas em qualquer casa sempre trazem à sua vida pessoas que estão relacionadas àquela função e expressam a natureza do planeta e casa que regem. Por exemplo, Plutão na 3ª casa tem algumas possibilidades interessantes. Em alguns casos mostra um desligamento, em outros uma fase omitida. Em ambos os casos, Plutão mostra a influência das massas, seja do sistema que encorajou a pressa ou a influência da gangue para se desligar. Num determinado mapa, nada do que descrevemos acima aconteceu, mas o indivíduo era um professor que sentiu que estava contribuindo com algo mais do que simplesmente aquilo que o sistema tenta oficialmente cumprir. Sentiu que suas próprias necessidades educacionais não estavam sendo encontradas no nível pessoal e dedicou-se a encontrar estas necessidades pessoais em seus alunos.

13

CÂNCER, LUA
& A QUARTA CASA

Câncer representa todas as experiências passadas, de ontem até a primeira infância, e talvez além, que formam suas respostas e padrões de hábitos. Esta experiência passada é a matriz a partir da qual você, como indivíduo, deve desenvolver-se continuamente como uma identidade separada (Áries). Antes do nascimento a mãe fornece a matriz inicial (líquido amniótico) para o crescimento em direção ao surgimento físico. Mais tarde, como a imagem da mãe se torna internalizada, as pessoas e experiências da casa da Lua oferecem mais nutrição, que continuamente fazem você se lembrar da experiência anterior.

A casa de Câncer proporciona uma condição circunjacente total para o apoio do desenvolvimento pessoal e depende das experiências da Lua para sua eficácia. Em Câncer, você busca segurança emocional através de relacionamentos humanos sensíveis, íntimos ou através de substitutos (lembranças do passado, coleções, uma ocupação ou atividades domésticas). As imagens de sonho do verdadeiro eu interior precisam ser nutridas na casa de Câncer para que possam se expressar na casa de Leão. Você talvez deseje depender de alguém ou de alguma coisa aqui, mas ao se sentir seguro interiormente pode desejar cuidar de alguém ou de alguma coisa.

Câncer é o signo que forma imagens, constrói formas, pois nele estão guardadas as imagens da lembrança. Isto é, ele descreve onde você está construindo formas ou imagens para que as emoções as utilizem — árvores genealógicas, fotografias de valor sentimental, uma imagem clara de como você quer que seja sua casa, de como quer que seus negócios funcionem — e assim atuem dentro da imagem. Ou podem ser símbolos religiosos utilizados continuamente, livros contendo conhecimento do passado que tornam sua herança cultural mais clara e consciente. Todas estas coisas dão a você uma sensação de segurança emocional porque formam estruturas nas quais as reações emocionais não integradas às experiências de Áries, Touro e Gêmeos podem se tornar focalizadas e experimentadas em segurança. Contudo, o perigo de contar demais com estas coisas exteriores é que você pode não reconhecer suas verdadeiras emoções e deixar de encontrar um "centro" de segurança profundo *dentro* de si mesmo. Sem estes limites seguros, contudo, a insegurança resulta em hipersensibilidade. As reações emocionais tornam-se ameaças à segurança e, assim, você constrói paredes ao seu redor para que os outros não possam despertar emoções sensíveis.

A LUA é a imagem materna, mostrando como você reagia à sua mãe, mas não necessariamente como ela era objetivamente. (O regente da 4ª casa está mais próximo de mostrar como ela realmente era.) Pela posição da casa a Lua mostra as experiências às quais suas emoções são mais suscetíveis, devido às experiências passadas e — onde sua mãe afetou as respostas emocionais, hábitos pessoais e sua própria capacidade de ser uma mãe — portanto, descreve sua imagem de mãe. A posição da casa e do signo da Lua definem mudanças que provocam reações emocionais que suscitam as imagens de Câncer (que podem ser muito destruidoras sem aquelas estruturas seguras). Manter nossas respostas emocionais flexíveis na casa da Lua diminui o *stress* emocional na casa da Lua diminui o *stress* emocional na casa de Câncer, ajuda a manter a estabilidade emocional e conduz à satisfação em Câncer.

A Lua, sendo a massa que se movimenta mais depressa, ajusta-se a todos os outros planetas por aspecto ou fase. Isto significa que todos os outros planetas estão definindo, influenciando ou moldando as emoções na tentativa de dar nova forma ao passado. Seria bom fazer uma lista do relacionamento dos aspectos ou fase da Lua com cada um dos outros planetas para ver como funciona. A relação abaixo pode ajudá-lo:

MERCÚRIO/LUA: Sua habilidade para intelectualizar ou comunicar suas emoções. Mercúrio é a função característica pois traz as lembranças inconscientes (Lua) para o nível consciente de modo que elas possam atuar racionalmente.

VÊNUS/LUA: Seus valores e sua habilidade para cooperar com os outros (Vênus) moldam suas respostas emocionais nos relacionamentos.

MARTE/LUA: Suas ações e desejos definem e estimulam suas reações emocionais.

SOL/LUA: Sua consciência atual tenta redirecionar suas respostas passadas para um novo propósito.

JÚPITER/LUA: Seus princípios e filosofias moldam suas respostas emocionais e desenvolvem o lado maternal de sua natureza.

SATURNO/LUA: As respostas emocionais e padrões de hábitos são definidos e moldados pela sociedade e pelo pai, mostrando como você encara seu lugar na sociedade na vida diária, ou como o lado inconsciente trabalha com o ego consciente.

URANO/LUA: Sua intuição tenta universalizar as respostas aos outros e o torna mais consciente das necessidades deles. Seu impulso inconsciente para se libertar de estruturas antiquadas muda suas respostas emocionais.

NETUNO/LUA: Netuno destrói os limites do lado estritamente pessoal da imagem materna e as respostas emocionais para tornar o impulso materno mais universal.

PLUTÃO/LUA: Seus impulsos inconscientes estimulam respostas emocionais compulsivas para trazer a regeneração emocional.

A QUARTA CASA é onde você constrói sua auto-imagem subconsciente e os alicerces emocionais pessoais, baseados em relacionamentos e experiências familiares anteriores que levaram ao sucesso ou fracasso da imagem da primeira casa. Você aprendeu a pensar a respeito de si mesmo de determinada maneira ao experimentar as reações das outras pessoas à sua própria pessoa, porque a sensação de pertencer é vital para uma auto-imagem segura.

O signo na quarta casa mostra como você vê a sua mãe e o regente mostra o que a via fazendo em sua infância. Num nível subjetivo, o signo na 4ª casa caracteriza sua auto-imagem inconsciente, negativa ou positivamente, de acordo com os aspectos que forma com o regente e a posição de sua casa e signo. Todos nos identificamos com a experiência subjetiva de como fomos aceitos por nossa mãe, o que explica muitas ações, que de outro modo seriam inexplicáveis. (Encontramos algumas situações onde a 4ª casa parecia representar o pai, mas é necessário um estudo mais profundo antes que isto possa ser determinado em qualquer mapa individual. Achamos que a 4ª casa sempre mostra a mãe, mas que algumas vezes existe uma transferência de alguns sentimentos da mãe para o pai em determinado ponto, o que confunde a conclusão e poderia ser mostrado de várias maneiras num mapa.)

Planetas na 4ª casa intensificam a necessidade de bases emocionais sólidas para satisfazer as necessidades das casas que regem. A seguir veremos uma parte que é uma chave para a interpretação dos signos do indivíduo na cúspide da 4ª casa. Lembre-se que o regente por casa, signo e aspectos descreve a auto-imagem interior.

CONSTRUINDO BASES:
SIGNOS NA CÚSPIDE DA 4ª CASA

ÁRIES: Sua auto-imagem interior provavelmente era insegura no início da vida, e você tem de se "provar" para si mesmo de algum modo. A única segurança verdadeira que Áries pode encontrar para a auto-imagem interior é "a sensação de existir" ou um sentimento de estar em contato com "a razão de ser". Este é um estado ativo, não passivo, onde ao agir de acordo com esta consciência de existir, o indivíduo pode senti-la fluindo através dele.

TOURO: Sua auto-imagem interior depende dos resultados de seus esforços para provar a si mesmo mentalmente ou em termos de posses (Áries na 2ª ou na 3ª casa). A maneira como as pessoas de sua família viam estes resultados quando você era uma criança e respondiam a eles, determina como você se sente a este respeito. A harmonia, estabilidade e beleza no ambiente familiar, e outras qualidades materiais podem ser muito importantes na construção de sua auto-imagem interior.

GÊMEOS: Você pode intelectualizar a respeito de sua auto-imagem mas provavelmente não está profundamente em contato com seus atuais sentimentos a respeito de si mesmo. Seus pais provavelmente encorajaram uma abordagem mental em assuntos emocionais. Como Mercúrio rege esta parte, você precisa ver a si mesmo como uma pessoa culta, inteligente e o quanto consegue se ver assim determina a realização da sua auto-imagem potencial.

CÂNCER: Os laços familiares hereditários podem, em si mesmos, tornar-se símbolos de sua auto-imagem interior. O cuidado "materno" que recebe dos outros em qualquer época da vida pode parecer aos seus olhos uma indicação do que eles pensam a seu respeito e, portanto, determinar o que você pensa sobre si mesmo. Isto muitas vezes favorece uma dependência psicológica negativa da família e do passado, se a Lua tiver aspectos difíceis.

LEÃO: Para uma forte auto-imagem interior você precisa sentir que é o centro de seu lar e que isto é algo de que pode se orgulhar. Quando criança desejava que a atividade girasse ao seu redor e a posição do Sol pode dar alguma indicação da facilidade ou dificuldade com que conseguiu isto e talvez mostre os métodos que utilizava. Aqui, o orgulho social ou familiar pode ser forte e talvez se torne uma *ego-trip* em casos negativos.

VIRGEM: Você precisa sentir que é perfeito e pode estender esta necessidade ao seu ambiente mantendo a casa perfeita. Em muitos casos a pessoa com Virgem na 4.ª casa é tão autocrítica que ele ou ela jamais desenvolve uma auto-imagem interior satisfatória. Basicamente, o ambiente familiar inicial pode ter sido crítico e frio e a pessoa supercompensa *usando* a superioridade intelectual como uma auto-imagem. A abordagem mais positiva à auto-imagem de Virgem parece ser a tentativa de ver a si mesmo como um tipo de pessoa flexível, eficiente, que pode analisar seu ambiente, fazer ajustes e atuar efetivamente numa base pessoal, eliminando a atividade supérflua e sendo geralmente útil aos outros.

LIBRA: Você necessita ver a si mesmo em condições de igualdade com os outros para obter uma auto-imagem sólida e bases. Isto pode ser um dilema na infância pois obviamente você não se sente em igualdade com seus pais. A criança de Libra na 4.ª casa pode se esforçar de muitas maneiras tentando encontrar um modo de equilibrar o relacionamento. Algumas podem ser combativas enquanto outras podem utilizar meios mais sutis ou manipulativos. O regente pode dar uma pista de como isto funcionará no mapa individual pois Vênus descreve nossa capacidade para nos relacionarmos. As bases emocionais estáveis e a auto-imagem interior surgem quando você pode conscientemente considerar as necessidades e opiniões dos outros como sendo tão importantes quanto as suas.

ESCORPIÃO: Para encontrar bases emocionais seguras você necessita estar profunda e emocionalmente envolvido com a família e o lar, ou com algo que lhe dê a sensação de pertencer a alguma coisa. A estabilidade pessoal e a percepção de bases emocionais vêm com a habilidade de controlar seus próprios padrões subconscientemente motivados e não com a tentativa de controlar a vida dos outros. Você precisa estar profundamente envolvido no estabelecimento de bases para sua segurança assim como a dos outros; isto pode aplicar-se ao lar ou a assuntos mais amplos como governo, associações, etc. Há uma necessidade de transformar esta área de vida e, assim, você pode experimentar todo nível de emoção possível. A auto-imagem interior vem através dos relacionamentos mais profundos com os outros, ou das frustrações que experimenta ao tentar criá-los.

SAGITÁRIO: O lar pode ser apenas um lugar onde pendurar o seu chapéu. A auto-imagem depende dos princípios básicos, dos valores e metas que persegue. Você necessita sua liberdade pessoal para sair e alargar seus horizontes, tornando possível a criação de suas bases pessoais ou estruturas emocionais. Necessita ser livre para sair pela porta da frente e permanecer fora durante algum tempo.

CAPRICÓRNIO: Você necessita da segurança de um lar respeitável pois isto significa que é um membro respeitado da sociedade; precisa se sentir como parte da estrutura social, e seu valor social torna-se seu valor pessoal. O lar e a família são os lugares onde você sente com mais força seu senso de responsabilidade e isto cria um impulso para construir sua auto-imagem interior de modo positivo.

AQUÁRIO: Você constrói sua auto-imagem sobre suas idéias humanitárias, suas atividades rebeldes ou sua necessidade inata de ser único. Muitas crianças com esta posição são educadas em situações de grupo, devido à dissolução do lar ou ao estilo de vida diferente da família. Outras passam por mudanças que as desafiam a ser mais independentes. Atitudes universais de fraternidade encorajadas em casa desenvolvem sua auto-imagem interior.

PEIXES: Estas pessoas provavelmente nunca serão capazes de definir seus sentimentos a respeito de si mesmas. Elas precisam destruir autoconceitos antigos, materialistas e não podem basear sua auto-imagem naquilo que os outros pensam a seu respeito. Em alguma época de suas vidas talvez precisem se afastar da imagem anterior e fazê-lo antes de terem preparado novas bases emocionais nas quais possam se apoiar. Basicamente, Peixes nesta casa mostra que precisam ver a si mesmas como seres espirituais em vez de pessoas materiais ou fisicamente orientadas.

14

LEÃO, SOL
& A QUINTA CASA

A casa em que Leão se encontra mostra a realização potencial das necessidades do ego e descreve o senso de propósito. Nos assuntos desta casa você precisa expressar dramaticamente sua identidade de Áries, os valores de Touro, o conhecimento de Gêmeos e os sentimentos de Câncer para ver seu próprio reflexo ou seus ideais interiores. Ser marcante em seu meio ambiente é sua maneira de provar a si mesmo que você é um indivíduo distinto. Leão é o signo da "individualização". Através das atividades desta casa você pode expressar melhor a plenitude da personalidade desenvolvida que surgiu primeiramente como uma percepção subjetiva em Áries. Em Leão ela se torna autoconsciência plena. Isto é, você estava consciente de um senso de identidade de modo muito limitado ou indefinido em Áries, mas em Leão você se torna plenamente consciente da natureza desta individualidade e suas possibilidades de poder. Em Áries você sentia a sensação de criação ou de ser criado novamente. Em Leão, sente o poder de ser o criador.

Você precisa colocar todo seu coração ou emoções nas experiências da casa de Leão. Aqui você pode expressar mais fortemente sua generosidade, calor e amor para crescer a nível pessoal, aqui pode ser uma autoridade, mas você deve perguntar a si mesmo se deseja sê-lo porque realmente tem a capacidade ou porque deseja dominar. É aqui que deve se destacar como um indivíduo e pode fazê-lo, por exemplo, por suas roupas (1ª), a maneira de decorar sua casa (4ª), as pessoas que atrai para sua vida (7ª) ou seu profissionalismo (10ª).

Você está representando um papel para conseguir o que deseja? Ou você realmente tem 14 quilates? Existem perigos no poder de Leão (a personalidade). Como você pode, até certo ponto, criar seu universo, talvez se encontre "brincando de Deus" — identificando-se com o processo. Em termos junguianos, você identificou seu ego consciente com a totalidade de si mesmo, o que é muito mais do que o ego. Isto é chamado de "ego inflado"!

Se as experiências de Câncer trouxeram insegurança, as pessoas podem perceber sua necessidade de auto-expressão nas experiências da casa de Leão e se preocuparem com você. Por exemplo, com Leão na 8ª casa as pessoas podem estar tentando encontrar padrões com os quais você se envolva, talvez pensando erroneamente que você está de certa forma insatisfeito. "Você não está tendo nenhum prazer na vida", elas dizem, especialmente se tiver Capricórnio ascendendo. Pessoas com Leão na 9ª casa algumas vezes vêem os outros inconvenientemente preocupados com suas necessidades religiosas. "Você está salvo?", perguntam.

O SOL (sua consciência da individualidade) ilumina os assuntos da casa que ocupa. Aqui você encontra oportunidades para exercer a força de vontade, dirigir suas ações e compreender seu propósito na vida. Você precisa ser reconhecido pelas atividades de seu Sol, pois elas representam as necessidades do ego que encontrarão expressão e satisfação através de sua casa de Leão. O sucesso que experimenta na casa do Sol, o orgulho que leva para suas atividades, a qualidade da vontade que expressa determinam a realização do potencial de Leão. Ao encontrar um sentido de propósito, desenvolve a autoconsciência na casa do Sol e a expressa através da casa de Leão.

O Sol é aquele que integra (personalidade). Através de sua percepção consciente e controle das outras funções da personalidade (Lua, Mercúrio, etc.) elas podem agir harmoniosamente e intencionalmente. Dizem que os Nódulos da Lua representam o eixo de maior polaridade do mapa que necessita de integração, mas é a consciência e a força de vontade do Sol que podem integrar estas polaridades.

Quando mencionamos anteriormente a idéia do ego inflado, estávamos, naturalmente, falando do Sol, que expressa a atividade de Leão. Toda pessoa está consciente da sensação do "Eu sou", de algum modo. Saturno representa o separativo "Eu" e o Sol representa o "sou". O perigo, em qualquer personalidade, está na possibilidade de se identificar com o "eu" consciente, condicionado, em vez de se identificar com a totalidade ou a essência completa da personalidade representada pelo "SOU". Devido à grande quantidade de condicionamento que experimentamos em nossa sociedade, Rudhyar diz que para a maioria das pessoas a essência real da individualidade (Sol) está profundamente enterrada e nós agimos principalmente no nível do ego consciente ou Saturno/Lua. Assim, o ego apresenta-se como egotismo ou inflação.

O conceito de ego tem sido descrito de modo tão diferente por tantos escritores que é difícil relacioná-lo a um mapa. Achamos mais fácil descrevê-lo desta maneira: a casa de Leão mostra onde temos necessidades do ego, o Sol mostra que podemos satisfazê-las e onde o ego se forma e se desenvolve para fazê-lo. Este é o verdadeiro ego, que todos nós precisamos desenvolver e transformar em força ou autoconfiança que suportará as experiências fragmentadoras da vida e integra as diversas funções ou impulsos interiores que estão em conflito ou em direções opostas. Este é o centro da consciência no nível da personalidade, conseguido com dificuldade, e separado da consciência total por Saturno. O ego fraco é que se desintegra sob pressão. A necessidade de uma "morte" do ego de vez em quando, muitas vezes significa apenas que o egocentrismo precisa nos deixar. Quando as pessoas são egoístas em suas atividades de Leão ou do Sol, elas podem realmente estar atuando a partir da perspectiva de Saturno naquele momento. Neste caso, verifique os aspectos do Sol com Saturno. Quadraturas e oposições desafiam o ego a desistir de antigos padrões (fase crescente) ou a se tornar mais individualizado (fase minguante), o que provoca comportamento exagerado até que a lição seja aprendida.

Os relacionamentos de fase e aspecto com o Sol indicam como a consciência influencia ou é influenciada pelos outros impulsos da personalidade. Anteriormente mencionamos que os planetas mais lentos moldam ou definem a expressão do mais rápido. Assim, é óbvio que a consciência do Sol está sendo moldada por seis planetas (Marte até Plutão). Como o Sol pode dirigir e integrar a atividade destas funções? Primeiramente, é através da atividade destas outras funções que adquirimos consciência. A fase dos relacionamentos indicará como isto está atuando num indivíduo. Em segundo lugar, não é verdade que muitos de nós estamos à mercê de nossos diversos impulsos — nossos desejos, nossos conceitos a respeito do que outros nos disseram, nossas reações à consciência da massa ou à opinião pública, nosso pensamento religioso? Parece-nos que seguir esta regra de interpretação até sua conclusão lógica revela num problema humano básico. Não podemos utilizar nossa vontade para integrar nossas vidas e dirigir nossas energias psíquicas enquanto deixarmos que *elas* governem nossa consciência.

Pensamos que a polaridade de Urano é necessária para a solução, astrológica e pessoalmente. Urano representa energias de um nível de existência transpessoal — alguns a chamam de alma, ou mente superior (intuição) ou o *Self* superior. Os astrólogos muitas vezes a chamam de individualidade ou singularidade interior, não condicionada, da qual o Sol seria um reflexo, o mensageiro das verdadeiras energias da alma. Esta individualidade algumas vezes se manifesta como experiências que o despertam para a percepção de potenciais que você não sabia possuir e o liberta de seus autoconceitos precondicionados (Saturno) e pontos de vista limitados, trazendo uma compreensão mais verdadeira de seu controle sobre seu universo pessoal. Para maiores explicações sobre a maneira como o Sol e Urano atuam juntos em fase, veja os capítulos sobre Aquário e Urano.

O SIGNO DE LEÃO EM CADA UMA DAS 12 CASAS do horóscopo pode ser interpretado usando o Sol como determinador: *Sua capacidade para buscar o propósito do Sol e desenvolver a integração consciente de todos os fatores da personalidade determinam:*

(1) A dedicação com que você renova o propósito do Sol através daquilo que projeta.

(2) A autoconfiança que você tem em seus próprios recursos e a capacidade de enfrentar a vida, a auto-estima surgindo da expressão da personalidade em suas posses, roupas, jóias, mobília, recursos financeiros, etc.

(3) A criatividade de expressão de suas idéias e a habilidade para recriar seu meio ambiente em sua própria imagem de acordo com aquelas necessidades.

(4) O nível de suas bases emocionais e auto-imagem inconsciente. O orgulho que sente de sua tradição familiar e sua educação, muitas vezes expressado pela dignidade, amor e qualidade artística com as quais dirige sua vida no lar. (Num mapa com Plutão em Leão na 4ª casa os pais de uma pessoa mudaram seu nome antes do nascimento para evitar sua conotação racial. Ela não soube seu verdadeiro nome e formação até se tornar adulta.)

(5) A totalidade com que você pode expressar suas emoções livremente, dramaticamente, criativamente, imprimindo sua individualidade em todas as atividades da 5ª casa.

(6) O quanto você é capaz de se entregar à sua rotina diária e

serviço aos outros, completando-os com suas próprias qualidades de individualidade, satisfazendo o ego ao encontrar significado e sentir-se útil.

(7) O grau de realização do ego obtida através do *feedback* dos outros e o orgulho que sente ao partilhar experiências.

(8) A facilidade com que renuncia às camadas egoístas de seu ego e arrisca investir suas próprias forças vitais, amor, emoções, em relacionamentos mais profundos. (Os relacionamentos, como os mencionamos neste livro, podem envolver os papéis que você desempenha com *qualquer coisa* ou pessoa fora de si mesmo. Por exemplo, uma pessoa pode tentar destruir um ego superexpandido para atingir a união com Deus ou com outra pessoa. A partir de um outro ponto de vista, um servidor público, como um policial, pode arriscar sua vida para juntar forças com o governo numa situação de dar e tomar, onde seu salário é o "tomar" e suas energias o "dar".)

(9) Sua capacidade para expressar sua individualidade através de sua própria filosofia, princípios, ética e idéias abstratas, enquanto ao mesmo tempo compreende o que é ou não significativo para os outros.

(10) A base social e reconhecimento que é capaz de construir para si mesmo. A necessidade de se orgulhar de sua imagem pública e expressar seu propósito através dela exige autocontrole e percepção de estar contribuindo para alguma coisa além da glorificação de seu próprio ego.

(11) A habilidade de combinar autoconsciência com consciência de grupo, mantendo sua própria individualidade enquanto você se envolve em experiências sociais.

(12) Sua habilidade de transcender o ego pessoal e renunciar à autocentralização e domínio pessoal sobre os outros, sabendo qual é sua parte no todo maior.

A QUINTA CASA mostra suas necessidades no amor e a maneira de expressar suas emoções. Aqui você pode canalizar as emoções de sua 4ª casa em algum tipo de criatividade ou expressão social. Quanto mais emocional você for, mais necessita canalizar a expressão em formas construtivas de libertação, e mais exige liberdade pessoal para fazê-lo. Portanto, se a segurança interior de uma auto-imagem inconsciente estabelecida (4ª casa) ou base pessoal for inadequada, pode-se escolher formas negativas, como promiscuidade, jogo, *ego-trips*, etc. Normalmente, a expressão será através do envolvimento romântico, recreação, *hobbies*, trabalho com crianças (como ensinar), ou atividades artísticas.

O regente da 5ª casa mostra a função da personalidade mais fortemente envolvida na satisfação e desenvolvimento de suas necessidades criativas e sua casa indica uma área de vida onde você expressa a si mesmo. O signo da 5ª casa mostra as atitudes e a qualidade de sua criatividade. De acordo com sua habilidade em expressar a consciência do Sol na casa de Leão, você é capaz de obter resultados das atividades da 5ª casa, que são governadas pelo signo na cúspide. Todas as formas de atividade da 5ª casa são simples extensões de si mesmo como libertação de emoção estabelecida na 4ª casa.

Em poucas palavras, a necessidade do Sol por auto-expressão é preenchida através da experiência de Leão, que é utilizada de acordo com o signo na cúspide da 5ª casa. Por exemplo, Leão na 12ª casa, Capricórnio na 5ª casa, Sol em Virgem na 1ª casa. Leão na 12ª casa mostra que a expressão pessoal do ego precisa ser transcendida. O Sol só pode se realizar ficando acima de sua própria autocentralização através do serviço aos outros, num relacionamento mais amplo com a sociedade. Até que isto aconteça, a autoconfiança de Leão é limitada. Portanto, Virgem ascendendo é muito tímido para se autoprojetar, talvez por estar esta pessoa muito concentrada em detalhes do desenvolvimento pessoal. Neste caso, Leão na 12ª casa parece estar limitado por Capricórnio na 5ª casa. Capricórnio em qualquer casa limita suas atividades até que possam ser construídas estruturas que tragam o respeito dos outros. A consciência mais ampla da 12ª casa favorecerá a expressão da 5ª casa num nível que não somente traz satisfação pessoal, como contribui para a sociedade. Cada casa coopera com a outra, como dar as mãos para se subir uma escada em espiral.

15

VIRGEM, MERCÚRIO & A SEXTA CASA

O processo de Áries através de Leão é descobrir quem você é e ser capaz de expressar esta individualidade através da atividade de Leão. A forte individualidade de Leão necessita moderação e adaptação para que possa atuar efetivamente, cooperativamente e produtivamente com outros. Em Áries você se torna consciente de sua existência enquanto pessoa. Em Touro você aprende a apreciar seu próprio valor pessoal. Em Gêmeos, adquire conhecimento. Você o alimenta em Câncer e o expressa em Leão. Em Virgem você precisa se desfazer do que não é essencial para poder utilizá-lo. Virgem simboliza a conclusão do crescimento pessoal — a realização interior da perfeição potencial. Agora, o ego deve contribuir para alguma coisa fora de si mesmo para se sentir útil. Portanto, precisa aperfeiçoar sua expressão. Em que você se excedeu em Leão? Na casa de Virgem lhe é oferecida a oportunidade de fazer ajustes e encontrar técnicas melhores para a atuação pessoal através da análise e discriminação. Este impulso leva você a analisar seu comportamento, saúde, ações, aparência — todas as coisas que se referem aos signos e casas até Virgem. O impulso é para adaptar estas partes de sua vida a uma consciência crescente de alguma coisa além de sua personalidade individual. Nenhuma renúncia é demasiada se levar a esta meta.

O propósito é tornar-se um membro melhor da sociedade, seja em relacionamentos pessoais ou em grupos maiores. As pessoas nascidas com um signo social ascendente terão Virgem acima do horizonte. Elas são mais conscientes deste propósito porque a atividade regida por Virgem será dirigida para o mundo exterior. Com um signo individual ascendendo, Virgem estará abaixo do horizonte. A perfeição será procurada a partir de um ponto de vista subjetivo. Talvez haja menos percepção consciente da implicação social, embora o nível de perfeição de Virgem ainda seja a base para os relacionamentos.

Devido à necessidade de ser útil na sociedade, as qualidades de Virgem são expressadas através do serviço pessoal como enfermagem, higiene ou, num nível mais intelectual, em contabilidade e outros tipos de trabalho mais minucioso, como crítica literária. Em qualquer nível, Virgem mostra onde você deve fazer seu aprendizado, aprendendo as técnicas da atividade escolhida e utilizando-a de maneira prática em sua vida pessoal.

Na experiência de Virgem você se torna consciente dos excessos que talvez tenha expressado na casa de Leão. Sua habilidade em ser útil pode ser prejudicada pela expressão excessiva. Você pode ficar doente ao se exceder (em Leão) ou através da conseqüente repressão em Virgem, porque nenhuma destas atitudes contribui com algo significativo para os outros. A maior causa de doenças psicologicamente induzidas é o fracasso em moldar o comportamento de Leão na casa de Virgem. A qualidade da realização de Libra depende dos auto-ajustes em Virgem. O principal problema de Virgem é a tendência a permitir que a análise se transforme em crítica. Os virginianos que criticam somente encontram a si mesmo nos outros. Eles estão "projetando" suas próprias imperfeições em outras pessoas ou coisas.

As pessoas com forte ênfase em Virgem, muitas vezes são intelectuais com grande interesse nos detalhes. Contudo, podem se tornar tão envolvidas nos detalhes que perdem o significado ou propósito para o qual as técnicas estão sendo aprendidas, ou não conseguem perceber o quadro total onde os detalhes se encaixam. (Isto indica a necessidade pela polaridade de Peixes.) Além da tendência intelectual, Virgem também possui seu lado espiritual ou religioso. A devoção a um guru ou a prática de técnicas espirituais ou religiosas são um outro nível de Virgem destinado a diminuir a centralização do ego. O perigo é que você pode facilmente se tornar orgulhoso de sua própria humildade ou inteiramente voltado para os detalhes da técnica, *ou* uma renúncia muito rígida pode literalmente destruir sua própria individualidade. Muitas pessoas não percebem que você não pode contribuir com alguma coisa exterior significativa se, ao fazê-lo, perde a si mesmo.

É interessante seguir Virgem ascendendo através das casas. Obviamente, com intercepções, muitas pessoas não terão signos igualmente distribuídos através das casas. Contudo, quando interpretar pelas descrições perceberá que todas as qualidades de Virgem baseiam-se nos significados dos outros signos em suas casas em relação à primeira casa. (Isto é verdadeiro para qualquer signo ascendendo.)

Subjetivamente, cada signo atua em relação aos outros onze signos em bases iguais da casa, com o signo anterior sempre na relação da 12ª casa, o signo seguinte na relação da 2ª casa, etc.

Você pode descobrir muitos detalhes a respeito do modo de atuação de um signo, montando um círculo com o signo escolhido no Ascendente, seguido pelos outros e interpretando os signos nas casas como atitudes dirigidas a atividades. Esta é a base para a interpretação Solar do mapa e explica por que, quando não se conhece a hora do nascimento, pode-se fazer uma interpretação precisa.

Se você tem Virgem ascendendo com intercepções ou mesmo Sol em Virgem, encontrará significado nas seguintes descrições das doze casas. A mesma técnica pode ser usada com qualquer outro signo ascendendo. Por exemplo, com Libra ascendendo, Escorpião está na 2ª casa e mostra que desejos reprimidos com respeito a finanças, recursos pessoais e senso de valor próprio explicam a ênfase exagerada na beleza e posses ou atitudes harmoniosas de Libra ascendendo. Outro exemplo: você já parou para pensar que por trás de todo Leão superconfiante existem inseguranças profundamente escondidas?... (Câncer na 12ª casa).

VIRGEM ATRAVÉS DAS CASAS

(1) (Virgem) Sua abordagem à vida é feita através de técnicas estabelecidas. Para você, é importante lidar eficientemente com os detalhes, e buscar experiências através das quais possa desenvolver sua capacidade de prestar serviços úteis. Você é analítico em sua atitude básica e geralmente autocrítico. Buscar a perfeição o torna consciente de cada imperfeição. O senso de limitação (Leão/12ª casa) força você a encarar a vida tendo os outros em mente e muitas vezes com timidez. Daí a orientação de Virgem para servir.

(2) (Libra) Virgem ascendendo aprende tanto com a leitura e outras atividades mentais que ele ou ela possui recursos baseados nas idéias das outras pessoas — recursos culturais. Você precisa do apoio das idéias dos outros e relações cooperativas para construir seu valor próprio. Necessita de coisas belas ao seu redor e condições harmoniosas para consegui-las, mas também precisa de equilíbrio, em atitudes generosas ou de avareza, assim como em sua conta bancária.

(3) (Escorpião) Devido à habilidade de Virgem para analisar e discriminar, você é capaz de se livrar de fatos desnecessários e se entregar a qualquer assunto que envolva conhecimento e comunicação. Desejos profundos e fortes estão escondidos atrás das atitudes intelectuais do sensato Virgem, dando-lhe um modo controlado e firme de pensar e comunicar-se. Embora tenha a mutabilidade dos signos mutáveis, ela não se estende às suas idéias. Você busca os assuntos intelectuais até o final com grande persistência e desejo profundo, muitas vezes querendo controlar também as idéias dos outros. Não é difícil encontrarmos o excessivamente crítico Virgem ascendendo, com alguns problemas mentais.

(4) (Sagitário) Sua auto-imagem inconsciente está baseada em seus princípios e crenças. Você sente que é uma pessoa cuja expressão da personalidade está baseada num forte senso de justiça, com a capacidade para falar francamente em defesa daquilo em que acredita. (A natureza de suas crenças depende da posição e aspectos de Júpiter.) Embora ache que é liberal e filosófico, sua natureza virginiana pode torná-lo muito crítico com os membros da família que não vivam de acordo com seus padrões. Existe quase um escapismo no modo como um virginiano pode encontrar meios de deixar a situação familiar temporariamente quando esta se mostra "imperfeita". Sua expansividade básica transforma qualquer lugar em "lar" até que suas imperfeições se tornem evidentes.

(5) (Capricórnio) A cautela e discriminação de Virgem ascendendo afetam seus relacionamentos amorosos ao se certificar de que eles atuam de maneira socialmente aceitável. Suas emoções precisam encontrar alívio através de atividades estruturadas e bem planejadas e, assim, a expressão romântica pode muitas vezes ser sublimada em atividades criativas, se a sociedade assim ordenar.

(6) (Aquário) Se você é excessivamente crítico em sua busca por perfeição nas pessoas à sua volta, suas condições de trabalho exigirão que faça alguns ajustes. Você se sente atraído para o trabalho de natureza humanitária, um trabalho em que as metas, necessidades e liberdade dos outros sejam igualmente importantes para suas próprias metas. Seu trabalho ou os serviços de rotina que executa, podem ser uma oportunidade para sair das estruturas ou limitações da casa de Capricórnio e expressar sua própria singularidade em termos de necessidades do grupo.

(7) (Peixes) Suas atitudes críticas de Virgem podem ser projetadas em outras pessoas e por isso você necessita de uma relação com Peixes na 7ª casa para ajudá-lo a ver as coisas num sentido mais amplo. Você atrai pessoas para sua vida que estão envolvidas em algum mistério; existe algo a respeito delas que sua necessidade virginiana pela análise simplesmente não pode decifrar. Pode ser sua imaginação, talentos, capacidade de receptividade e compaixão com os que necessitam, ou simplesmente as *necessidades* piscianas da outra pessoa. Pessoas à mercê de sua própria imaginação e receptividade — com problemas mentais, vícios como drogas ou álcool, solidão — são tipos negativos que você pode atrair. Os tipos positivos de Peixes lhe mostram algo mais do que o conhecimento intelectual. Os tipos negativos lhe oferecem uma oportunidade de esquecer seu criticismo e de si mesmo para ajudá-las. Zipporah Dobyns chamou Virgem ascendendo de salvador profissional, mas adverte para que você não tente "salvar" seu parceiro ou companheiro. Este lado de sua natureza deveria ser uma extensão de seu trabalho aquariano, e seu companheiro deveria representar um pisciano positivo que tem tanto a contribuir no relacionamento quanto você.

(8) (Áries) A regeneração da identidade de Virgem surge através dos envolvimentos profundos nos quais você dá de si mesmo. A autocentralização é a parte da identidade da qual se deve desistir, e mesmo sendo autocrítica, pode se tornar uma preocupação egoísta. Um profundo envolvimento sexual pode libertá-lo das inibições emocionais da 5ª casa de Capricórnio. Um envolvimento psicológico profundo pode transformar a espontaneidade e verdadeira individualidade em atividades criativas e recreação. Como as energias pessoais estão mais voltadas a projetos conjuntos do que para a auto-satisfação, a autoconsciência é esquecida e a pessoa de Virgem ascendendo fica livre para se dirigir à atividade mais ampla da 9ª casa. Você se revela através de seus envolvimentos profundos e ao encarar a mudança corajosamente e com flexibilidade.

(9) (Touro) Virgem ascendendo necessita de uma filosofia ou religião práticas. Seus princípios são palpáveis e de uso prático em sua vida. Seu nível de compreensão aqui é baseado no tipo de fatos que acumulou e você não é facilmente in-

fluenciado por suas crenças. Sua curiosidade intelectual de Virgem, porém, torna você interessado nas idéias dos outros e você está sempre procurando extrair alguma coisa útil deles. Mesmo assim, é necessária uma *prova* palpável para mudar suas crenças básicas.

(10) (Gêmeos) As necessidades intelectuais de Virgem ascendendo tendem a levá-lo para uma imagem pública baseada em seu conhecimento. Você necessita de uma carreira na qual possa reunir muito conhecimento e informação, que possa ser analisada e colocada em prática em sua própria vida pessoal. Através dela se aperfeiçoa e adquire mais respeito.

(11) (Câncer) Você encontra segurança emocional através de seus amigos e envolvimentos sociais. Você tem a imagem da mãe no grupo, oferecendo seus serviços em troca do calor e proximidade dos relacionamentos humanos. A Lua mostrará a facilidade ou dificuldade com que pode atingir a satisfação emocional da 11ª casa.

(12) (Leão) O ego se realiza através dos serviços da 12ª casa. Considerando que Leão tende a desejar brilhar visivelmente, aqui ele é mantido em segundo plano, enquanto outros, menos afortunados, são encorajados e se desenvolvem de alguma maneira. Finalmente, Leão brilha através dos serviços altruístas de Virgem. Se a identidade de Virgem não passar pela mudança da 8ª casa, você se sentirá inadequado pois será muito autocentrado para reconhecer e sentir compaixão pelos outros, que é o caminho para encontrar o meio de satisfazer as necessidades de seu ego.

MERCÚRIO, regente de Virgem, não somente recebe, registra, classifica e comunica informação como regente de Gêmeos, mas analisa este conhecimento. A casa de Mercúrio mostra onde e como este processo mental é formado e se desenvolve, como você faz estas associações e como aborda as técnicas de discriminação. Como temos uma descrição completa da atividade de Mercúrio no capítulo a respeito de Gêmeos, aqui iremos considerar Mercúrio retrógrado. Como já sabemos, Mercúrio direto indica que você está percebendo, classificando e comunicando (Gêmeos) e *depois* analisando e eliminando a informação; ou, pelo menos, que pode fazê-lo se isto for exigido, como em situações escolares. Todavia, na fase retrógrada da órbita de Mercúrio, o processo de Virgem precisa ser completado *antes* que a comunicação aconteça.

102

A mente de MERCÚRIO RETRÓGRADO está, nas palavras de Rudhyar, "trabalhando contra si mesma". Em palavras mais simples, as experiências da casa de Mercúrio são interiorizadas e analisadas (a função de Virgem) e depois adaptadas às necessidades pessoais e pontos de vista. Somente então, elas são dispensadas ou comunicadas na casa de Gêmeos, dando muitas vezes a impressão de atividade mental lenta, que é completamente errada. Neste caso, o conhecimento de Gêmeos é simplesmente mais personalizado ou individualizado. É extremamente importante que os pais ouçam cuidadosamente seu filho com Mercúrio retrógrado e se certifiquem de que compreenderam o que ele está dizendo e de que *ele* sinta que comunicou satisfatoriamente o que pensa. Pais que não têm tempo para escutar estão inibindo uma função que já é difícil. As comunicações incompletas podem se voltar para dentro novamente e se exteriorizar somente mais tarde na forma de complexos.

A interioridade e subjetividade do processo de Mercúrio retrógrado muitas vezes torna o indivíduo incomumente sensível às comunicações dos outros. Ele entende todas as coisas como pessoais, pois precisa relacionar a si mesmo com todos os dados que recebe para torná-los significativos. No entanto, uma vez aprendidas, as coisas nunca são esquecidas pois foram relacionadas pessoalmente ao indivíduo. Rudhyar afirma que Mercúrio retrógrado está buscando um novo nível de consciência, o que talvez explique estes efeitos.

O RELACIONAMENTO MERCÚRIO-SOL ajuda a explicar as fases retrógrada e direta do ciclo de Mercúrio. Como afirmamos anteriormente, Mercúrio comunica a vontade e propósito do Sol para a personalidade consciente. Ele nunca está a mais de 28° do Sol e é visto precedendo ou antecedendo o Sol em seu círculo anual do Zodíaco e no mapa individual. Durante seus três períodos retrógrados, ele mergulha fundo no inconsciente, onde capta a "mensagem" do Sol na época da conjunção inferior. Neste ponto ele está entre a Terra e o Sol na "fase nova". Assim, tem a oportunidade de comunicar este mesmo propósito a todos os planetas em volta, seja quando transita pelo céu ou, mais simbolicamente, através de seu mapa.

Quando Mercúrio natal é retrógrado e está perto do Sol, provavelmente você não é objetivo a respeito de si mesmo. A informação reunida é aplicada e utilizada num nível tão pessoal que os relacionamentos não são vistos a partir do ponto de vista das outras pessoas. Quando Mercúrio natal é direto, perto ou não do

103

Sol, existe mais objetividade, chegando ao máximo na época da conjunção superior (fase cheia), quando Mercúrio está mais longe do Sol em sua maior distância da Terra.

Achamos que o significado de Mercúrio em combustão (a menos de 3 graus do Sol) é mais aplicável à sua conjunção inferior (Mercúrio retrógrado). Nesta época, a função consciente racional está sendo obscurecida pelo "ego" ou consciência material. O Sol, como já dissemos, é o "ego" somente quando a personalidade se negou a entrar em contato com o inconsciente e depende inteiramente de suas habilidades conscientes que foram aprendidas. Astronomicamente e simbolicamente, esta conjunção ocorre abaixo do horizonte ocidental e nunca é vista. Se isto significa que uma pessoa com Mercúrio retrógrado em conjunção com o Sol vai ter seus poderes racionais eclipsados por seu "ego" (consciência da Terra) pode depender de outros fatores mostrados no mapa. Seu significado mais geral é descrito acima, em Mercúrio retrógrado.

A SEXTA CASA representa uma fase crítica na atividade pessoal. Ela o une aos outros ou o separa deles. Aquilo que faz com esta área de sua vida determina a capacidade de se relacionar com os outros em bases iguais. Técnicas melhores para o funcionamento pessoal aprendidas na casa de Virgem ajudam você a reajustar sua personalidade e ser mais útil e efetivo em sua atividade de rotina num nível cotidiano (6ª). Doenças relacionadas à 6ª casa são o resultado de adaptação inadequada e muitas vezes de origem psicológica. Os hipocondríacos são tão autocríticos que se sentem inadequados e usam a doença como uma desculpa por não estarem sendo produtivos, *ou* estão fugindo das responsabilidades de sua rotina diária. Aspectos de Peixes, da 12ª casa ou seu regente, ou de Netuno podem mostrar escapismo. Aspectos de Virgem ou Mercúrio podem indicar autocrítica.

A reabilitação vocacional muitas vezes é a melhor terapia para os que estão psicológica ou fisicamente incapacitados. O signo na cúspide define a qualidade da atividade onde você se sente mais útil e que leva a adaptações pessoais. Através do trabalho, serviços ou rotina diária, você começa a se sentir mais adequado como indivíduo e, portanto, mais capaz de atividades cooperativas. O regente da 6ª casa mostra outras funções da personalidade e atividades necessárias para satisfazer as necessidades da 6ª casa. Planetas na 6ª casa representam funções da personalidade que necessitam deste sentimento de utilidade através das experiências produtivas de rotina a fim de preencher as necessidades das casas que regem.

Ser apanhado na rotina diária ou em auto-adaptações e desejos de perfeição que fazem com que você não veja seu papel na totalidade maior de relacionamentos ou da sociedade, é uma qualidade comum da 6ª casa negativa. Se a 12ª casa for mais forte, você pode estar tão envolvido no serviço social em prol da humanidade que não consegue satisfazer suas próprias necessidades psicológicas ou enxergar as necessidades do indivíduo que o grupo está tentando ajudar. Aqui, o equilíbrio é extremamente importante para a saúde mental.

16

LIBRA, VÊNUS
& A SÉTIMA CASA

A identidade de Áries só pode encontrar realização através da interação com os outros (Libra). Muitas vezes isto foi objetivado como Homem e Mulher, a polaridade masculino-feminino. Nós a chamamos de "identidade relativa". Assim como Áries é o primeiro passo em direção à percepção da identidade pessoal, Libra é o primeiro passo em direção à identidade social, que se inicia em Capricórnio e se expressa em Aquário.

Nesta área de sua vida, você sente uma necessidade de união e harmonia (freqüentemente a qualquer custo) com os outros, seja através da competição ou da cooperação. Sua identidade de Áries precisa se tornar consciente dos outros e de suas necessidades, e aprender a atuar com eles numa relação onde ambos são iguais. Ao contrário do que se pensa, nem sempre se experimenta Libra numa relação. Quando este signo está em destaque pode somente sugerir que você necessita *aprender* a se relacionar. O equilíbrio é necessário para que você não perca sua identidade nem domine a dos outros. As atividades sociais, culturais e artísticas levam ao refinamento do indivíduo enquanto ser social, pois ele está vendo e experimentando os valores dos outros indivíduos. Assim, vemos Libra regendo as artes, relacionamentos legais (que mantêm as coisas "equilibradas") e diversos tipos de parcerias sociais.

Libra muitas vezes envolve algum tipo de projeção da personalidade inconsciente pois você está procurando o complemento daquilo que já é — uma parte de si mesmo que não foi revelada. Freqüentemente é o homem procurando seu complemento feminino submergido, ou a mulher procurando seu lado masculino. Encontrá-lo em outra pessoa que seja parecida com esta parte, lhe dá uma visão objetiva a seu próprio respeito. Esta visão será satisfatória ou não, dependendo do ideal de Libra que estiver expressando e da força de sua individualidade (Áries através de Virgem). Aqui, você vê os resultados da atividade de sua identidade

107

e algumas vezes coloca a necessidade de Áries em outra pessoa ou pessoas nesta casa e, assim, tem dificuldades para vê-las como realmente são. Isto deu a Libra a reputação de ser uma companhia deliciosa em relacionamentos de curta duração, porém nos relacionamentos com maior envolvimento, Libra é tido como superficial, manipulador ou volúvel.

Na área de Libra em sua vida, você precisa compartilhar suas idéias com os outros e, portanto, deve escutar tanto quanto falar. Você procura um ideal no qual possa avaliar seus relacionamentos, e seus ideais devem ser amplos o bastante para incluir tanto seus pontos de vista quanto o dos outros. Aqui você provavelmente será confrontado por dois ideais opostos, e seus padrões de Libra devem pesar seu valor e integrá-los.

VÊNUS, pela posição da casa, mostra o que você está avaliando e atraindo para si mesmo para satisfazer as necessidades de sua identidade relativa de Libra. Ele mostra aquilo que atrai dos outros para si mesmo baseado no que sente a seu respeito e seus valores pessoais. Estas pessoas materializam seus próprios sentimentos. Você é receptivo pois nelas pode identificar alguma coisa de sua própria natureza. Em outras palavras, Vênus oferece uma pista para o ideal projetado na casa de Libra.

Tradicionalmente, Vênus mostra no mapa de um homem o ideal que ele está procurando num relacionamento com uma mulher. Se seus próprios valores estiverem atuando positivamente ele atrairá relações caracterizadas pelo lado positivo do signo de Vênus. Se seus valores são instáveis ou muito fixos, pode atrair uma manifestação negativa de seu signo de Vênus, objetivando sua própria necessidade de harmonizar seus valores e equilibrá-los com os valores dos outros.

Num mapa de mulher, Vênus mostra como ela se sente a respeito de si mesma — como se identifica com sua feminilidade. Esta é a descrição tradicional daquilo que Vênus representa. Entretanto, não é incomum ver-se uma mulher atraindo parceiros obviamente caracterizados por seu signo de Vênus. E também, embora Vênus tenha sempre representado o lado receptivo da natureza do homem, ele foi ensinado a se identificar com este lado somente no sexo oposto, não em si mesmo. Esta situação está mudando e é aí que percebemos que não são mais adequados os significados tradicionais na astrologia.

SE VÊNUS É RETRÓGRADO, as experiências sociais de Libra são personalizadas. Você não pode expressar seus valores pessoais e sentimentos até que reavalie seus relacionamentos sociais.

Isto provoca sentimentos reprimidos, descritos por casa, signo e aspecto. Você internaliza todas as coisas que se referem a uma relação para reconstruir seus próprios valores pessoais; inverte a ordem natural Touro-Libra e baseia os valores pessoais nos valores sociais. (Veja Vênus retrógrado em Touro.)

VÊNUS NO MAPA:

(1) Se Vênus está num signo de grupo (Libra até Peixes) e abaixo do horizonte, você precisa incorporar seus valores pessoais à sua personalidade.
(Vênus num signo de grupo mostra valores sociais bem desenvolvidos. Os aspectos mostrariam como estes valores foram usados e indicam uma possível necessidade de revê-los para agir melhor enquanto indivíduo social. Aspectos harmoniosos mostrariam uma aplicação sábia dos valores sociais em relacionamentos. Aqui, Vênus mostra que você tende a basear sua experiência em valores anteriormente formados.)

(2) Vênus num signo de grupo e acima do horizonte mostra que valores sociais bem desenvolvidos estão atuando em situações sociais.

(3) Vênus num signo pessoal (Áries até Virgem) e abaixo do horizonte mostra que você está desenvolvendo valores sociais em áreas pessoais de atividade (sendo útil — 6ª casa, desenvolvendo criatividade — 5ª casa, etc.) para ser capaz de se relacionar num nível social. Você não pode agir numa base de igualdade com os outros se não sentir que tem valor (Touro). Os valores pessoais devem ser construídos na casa de Touro antes que possa construir valores sociais na casa de Libra. (Vênus num signo pessoal mostra que seus valores sociais estão personalizados, e que você os está desenvolvendo baseado na experiência pessoal.)

(4) Vênus num signo pessoal e acima do horizonte mostra que você está desenvolvendo valores sociais através de experiências sociais.

(5) Se Vênus está numa casa pessoal e Libra acima do horizonte, seu processo de construção de valores é levado à sua vida social. Por exemplo; Libra na 10ª casa pode indicar que você os aplica em sua profissão ou, pelo menos, os apresenta onde todos possam ver.

(6) Se Vênus está numa casa de grupo e Libra abaixo de horizonte, você leva para sua vida pessoal os valores que adquire com associações.

A SÉTIMA CASA indica a área de vida que se refere à sua imagem ao participar em relacionamentos cooperativos, como você vê a si mesmo em relação aos outros. Aqui, você vê como se desenvolve nos relacionamentos. Você é cooperativo ou competitivo, agressivo ou receptivo, frustrado ou realizado? O signo na cúspide da 7ª casa mostra como age nos relacionamentos e o tipo de pessoas que necessita em sua vida para complementar sua própria individualidade.

Os relacionamentos da 7ª casa incluem aqueles que existem dentro de uma estrutura mais ampla (como uma sociedade ou uma organização) com um propósito mais amplo do que o pessoal ou de algum modo legalizado. Por exemplo: sócios, médico-paciente, escritor-público, marido-mulher, "aquele que busca"-Deus.O propósito final da 7ª casa é trazer uma percepção maior em algum nível, ao se relacionar com o que é diferente ou externo. A percepção final é perceber que o propósito que o torna inteiro faz com que você tenha o mesmo valor.

Se o regente da 7ª casa não estiver bem aspectado, sua posição e aspectos mostram o tipo de pessoas que você atrai para seus relacionamentos e que materializam seus próprios problemas para se relacionar. Aquilo que você vê agindo através delas é uma faceta subconsciente de sua própria personalidade sendo revelada com o propósito de ser desenvolvida ou equilibrada. Os aspectos do regente da 7ª casa com as cúspides de outras casas podem indicar a importância de outras áreas de vida que estão afetando os relacionamentos.

Planetas na 7ª casa mostram outras áreas e funções que são reveladas através de relacionamentos e que os afetam fortemente. Eles precisam de relacionamentos para abrirem suas portas (as casas que regem). Eles mostram funções de sua personalidade que você está tentando encontrar nos outros porque é incapaz de se identificar com estas partes de si mesmo. Muitos planetas na 7ª casa mostram que existem muitas necessidades que você espera que os outros satisfaçam. Uma pessoa não consegue jamais satisfazer todas estas necessidades, assim, você terá que se casar mais de uma vez ou terá diversos tipos de diferentes relacionamentos ao mesmo tempo.

Se o regente da 7ª casa estiver bem aspectado mas os plane-

110

tas que a ocupam não estiverem, então estes planetas mostram funções da personalidade que interferem com o fluxo livre de potencial para relacionamentos harmoniosos. Se o regente não estiver bem aspectado mas os planetas sim, eles mostram funções da personalidade que ajudarão a melhorar uma dificuldade básica para se relacionar.

Ao desenvolver seus valores sociais na casa de Libra e mantê-los em harmonia, você pode melhorar seus relacionamentos pessoais. Os valores de Touro também são significantes em termos de 7ª casa. Sua imagem relativa (7ª casa) é o modo como vê a si mesmo em relação a outra pessoa. Se seus valores pessoais de Touro trouxeram um senso de valor próprio em sua 2ª casa, você está consciente de ter alguma coisa de valor para contribuir no relacionamento.

17
ESCORPIÃO, MARTE, PLUTÃO & A OITAVA CASA

A atividade da casa de Escorpião é energizada por emoção subconsciente voltada para o desejo; uma emoção profunda, intensa, que indica o potencial para o poder. Aqui, o desejo de Marte busca realização através de envolvimentos emocionais profundos com os outros ou alguma coisa fora da identidade de Marte/Áries. Pode ser um desejo de controlar os outros na casa de Escorpião, um desejo muitas vezes reprimido devido ao condicionamento social ou parental. Como o poder da emoção reprimida é tão forte, é imperativo equilibrar o autocontrole com o desejo de controlar os outros. Este desejo de poder pessoal sobre os outros deve ser transformado em desejo pela meta do grupo.

Você pode ser um fator unificador em grupos ligados à sua casa de Escorpião, pode ser um foco ou canal para energias do grupo contribuindo para alguma meta comum, quer ela seja socialmente construtiva ou destrutiva, quer contribua para as metas do grupo ou suas própria metas finais. Este poder vem de experiências do passado profundo, há muito ocultas no inconsciente. Quando estas lembranças são ativadas mas não são compreendidas, você as reprime, gradualmente formando a pressão desproporcional ao incidente atual ou original. Eventualmente algo ocorre para libertar a pressão; se for libertada através de compulsões, então você não tem controle sobre ela e é prejudicial para si e para os outros. Em muitos casos haverá uma compulsão para controlar os outros, baseada no *medo* do grupo. Contudo, muitas vezes o poder é voltado para dentro e, neste caso, os problemas de Escorpião podem se mostrar em extremos de autocontrole ou renúncia em vez de compulsão para controlar os outros. O problema é o mesmo — encontrar um modo construtivo para liberar a energia reprimida.

Muito do conteúdo emocional reprimido pode ser liberado através de atividades criativas ou sexo. (Por este motivo Escor-

113

pião é tradicionalmente visto como o apoio de Leão, e a 8ª casa o apoio da 5ª) Isto foi reconhecido pela psicoterapia e há um grande número de terapias envolvendo arte-música-dança. (Reparamos que as pessoas envolvidas em terapia possuem ênfase na 8ª casa, ou Escorpião, ou seus regentes.)

Escorpião, em seu nível mais elevado, representa o poder profundo, transformador, do amor altruísta no qual realmente se "sacrifica" a centralização do ego. O indivíduo pode fazer com que ele se torne regenerado com a fusão total do *self* num relacionamento completo com uma pessoa, um grupo ou com a alma. Ele é diferente do amor pisciano, embora, na época certa, leve a Peixes. Peixes representa a vida universal da pessoa já transformada que ama a todos como uma única pessoa. Escorpião, entretanto, envolve intensas experiências pessoais que transformam profundamente a pessoa.

PLUTÃO E MARTE: Marte é o impulso pessoal para conseguir aquilo que você deseja. Em alguma época, no passado, este impulso enfrentou restrições sociais ou parentais porque ia contra os padrões sociais ou familiares. As energias deste desejo não satisfeito foram reprimidas no inconsciente profundo de Escorpião porque eram desejos que envolviam outras pessoas. Essas energias ocultas podem controlá-lo de algum modo, como nas compulsões, complexos, bloqueios à ação ou medo. A posição de Marte pode, de algum modo, mostrar o tipo de desejo que foi reprimido, embora muito da atividade de Marte numa personalidade não esteja oculta. Contudo, ele mostra a orientação da natureza do seu desejo que define a energia reprimida.

Plutão é o impulso inconsciente de contribuir para a evolução da sociedade através da realidade mais profunda de sua existência — uma espécie de vibração mais elevada de Marte. Este impulso deseja transformar as energias reprimidas em desejo pelas metas do grupo e libertá-las para uso na casa de Escorpião. A posição de Plutão mostra a área de vida onde estas energias pessoais são capturadas ou que tipos de experiências as libertarão. Mudanças, revoluções, influências sociais ou outras permitirão que elas sejam libertadas, transformadas e integradas em sua consciência. Estas atividades representam o seu papel para favorecer a evolução humana. O signo mostra o tipo de habilidades anteriormente presas e que agora buscam liberdade numa nova forma... Câncer: a necessidade de nutrir e de autoproteção; Leão: reconhecimento da necessidade de auto-expressão individualizada; Virgem: consciência da ecologia e a necessidade de eficiência;

Libra: consciência da necessidade de igualdade; Escorpião: a necessidade de poder através da união. Plutão representa a parte principal de crescimento de sua personalidade. Aproximadamente dois terços de sua consciência estão presos em suas lembranças subconscientes. Por todo o mapa há uma evidência disto nas quadraturas e oposições e com planetas em queda ou prejudicados. Eles geralmente envolvem um pouco de atividade consciente *versus* atividade inconsciente. Quando os elementos são libertados, a vida consciente se expande de modo muito verdadeiro. (Plutão sempre revela as realidades da casa que ocupa.)

Se você não permitiu que Urano despertasse sua percepção de uma existência acima da consciência do ego, não permitiu que Netuno destruísse antigos limites do ego e nutrisse a consciência nova, mais dirigida ao grupo, então Plutão liberará estas energias inconscientes de modo destrutivo, para você ou para os outros. Se deseja desistir de alguns de seus desejos egoístas por respeito aos outros, a energia de Plutão será liberada construtivamente, como o poder do grupo na casa de Escorpião. Seu Plutão mostra o potencial para ser controlado pelo impulso de participar no todo mais amplo da humanidade.

A casa de Plutão sempre contém um elemento impessoal pois as energias pessoais estão ocultas. É onde você deve ir além da expressão pessoal e ser um exemplo para os outros. Este tipo de situação força você a encontrar uma estrutura mais ampla para as atividades de sua casa, e muitas vezes a simples experiência de buscar a humanidade em vez de um único indivíduo, pode ser um fator de libertação. Aqui, você será desafiado a mudar ou transformar condições, para sentir que faz parte de alguma coisa maior do que você na casa de Escorpião.

Em Escorpião, a atividade do desejo de Marte leva ou à autocompreensão ou ao controle dos outros. Você pode deixar seu Marte reger Áries sozinho e egoisticamente cuidar das suas coisas, ou pode iniciar estas atividades de Áries dentro dos limites do respeito de Escorpião pela necessidade de iniciativa dos outros. Áries é a atividade pessoal, enquanto Escorpião é a atividade compartilhada.

Sua energia de Marte vai atuar com o egoísmo de Áries ou você vai deixar que seus desejos se transformem para agir com os outros? Os aspectos Plutão-Marte e sua fase num mapa, mostram sua capacidade de combinar de modo produtivo as energias do desejo. Se Plutão formar aspecto com Marte, existe uma ligação direta entre as energias do desejo conscientes e inconscientes, o que pode fazer com que suas ações se tornem compulsivas. Se

Marte estiver em conjunção com Plutão você pode encontrar um bloqueio de energia muito forte, medo ou a necessidade de retirar-se. Impulsos muito agressivos são reprimidos para que sua atenção se concentre na necessidade de transformação do desejo pessoal. Esta energia concentrada, muitas vezes pode ser liberada de modo bastante destrutivo através de um gênio ou ações violentos.

Marte em quadratura ascendente com Plutão está pronto para afastar os obstáculos de modo a liberar o conteúdo subconsciente, mas o resultado pode ser destrutivo em níveis exteriores. Marte em quadratura decrescente com Plutão mostra atitudes pessoais sendo reorientadas para os desejos do grupo. Se estiver em oposição, o desejo de Marte tende a um extremo pessoal para equilibrar a forte atração em direção à regeneração e libertação. Aqui, você precisa encontrar uma razão externa para controlar seus desejos em benefício do grupo. Marte mostra esta razão pela posição da casa.

Se Marte e Plutão estiverem em conjunção na fase balsâmica, os desejos pessoais estão sendo transformados pelas revoluções ou mudanças de Plutão. Na fase nova, Marte está projetando as atitudes transformadas através de ações. Marte elimina alguma coisa da personalidade ou da vida, mostrada por casa e signo. Plutão a destrói e depois constrói alguma outra coisa.

Se Plutão estiver em conjunção com um planeta, esta parte está sujeita a intensa pressão para mudar. Um pouco da energia ligada ao planeta está sendo bloqueada ou utilizada compulsivamente. A órbita do aspecto pode indicar o ano da vida em que o problema se origina (1 grau = 1 ano de vida). Aspectos fáceis com Plutão mostram uma transformação fácil ou a explicação da repressão. Aspectos difíceis podem mostrar onde as mudanças mais abruptas ou atividade destrutiva forçam a transformação. Aspectos do Sol com Plutão mostram que você pode passar por mudanças conscientemente e com um senso de propósito. Aspectos fáceis mostram um desejo ativo de cooperar com o processo de crescimento. Aspectos difíceis mostram os conflitos entre o *self* e a identidade de grupo que desafiam o *self* a se esforçar para mudar.

MARTE E PLUTÃO, RETRÓGRADO E DIRETO

MARTE DIRETO, PLUTÃO DIRETO: Através de Marte, a força de individualização, você sai para "fazer as suas coisas"

— firmar-se como um indivíduo separado a fim de satisfazer seus desejos pessoais. Isto invariavelmente leva a relacionamentos com os outros que objetivam seus próprios problemas psicológicos ocultos (Escorpião) provocados pela frustração de envolvimentos anteriores.

Finalmente os outros lhe mostram onde são necessários a renegeração ou o crescimento (Plutão) para que se torne uma identidade mais consciente dos outros (o Áries renascido). A ação de Marte ativa os problemas. Plutão os revela e os transforma, levando à autocompreensão da identidade renascida de Áries. Você encontrará as atividades das casas que contêm estes signos atuando nestas duas "ordens": de Áries para Escorpião e de Escorpião de volta para Áries.

Plutão revela o conteúdo subconsciente de problemas e o força a lidar com eles, levando da autocompreensão e transformação em Escorpião para uma nova percepção de identidade consciente de sua união ou envolvimento total com alguma coisa fora de si mesmo, em Áries. Assim, Marte atua num novo nível, vivendo a nova identidade.

MARTE RETRÓGRADO, PLUTÃO DIRETO: (Veja Marte Retrógrado no capítulo sobre Áries). Seu Marte só pode sair para agir em seu próprio interesse depois que você compreender sua ação e, portanto, você pode parecer passivo. Ou, por outro lado, pode agir exteriormente com o que parece ser a agressividade espontânea normal de Marte. Neste caso, você estará inconscientemente revivendo ou reagindo a alguma experiência oculta que a casa de Marte representa. Como Marte retrógrado vai diretamente para o domínio de Escorpião, estas reações criarão no inconsciente agitações que despertam o impulso de Plutão para liberar as energias. Quando a energia do desejo surge e você pode vê-la atuando, seu próprio impulso de viver além do desejo pessoal transforma as energias e permite que sejam *poderosamente* canalizadas na atividade do grupo. Se Marte permanecer retrógrado durante toda sua vida isto não será tão forte. Mas se Marte ficar direto por progressão, o ano em que ele mudar a direção trará uma importante mudança de ação na casa de Escorpião.

MARTE DIRETO, PLUTÃO RETRÓGRADO: Marte, em seu curso de eventos normal, conduz ao envolvimento pessoal. Mas o papel de Plutão está invertido. Seu processo de crescimento evoluiu a um ponto em que você necessita estabelecer bases pessoais mais profundas antes de continuar em experiências de grupo mais amplas ou mais profundas. O impulso inconsciente (Plutão) por um papel na vida sociologicamente significativo permanece insatisfeito até que o lado inconsciente da personalidade tenha sido transformado e você se torne interiormente aquilo que deseja ser exteriormente. A influência que tem sobre os outros na casa de Plutão Retrógrado é devida à sua própria transformação *interior* e mudança (se você aceitar a mudança). Em qualquer caso, os outros verão a verdadeira essência de sua personalidade naquela área. (Com Plutão Direto, os outros o verão através do que está fazendo, mais do que através daquilo que você é ou de como está vivendo sua vida pessoal.)

PLUTÃO RETRÓGRADO, MARTE RETRÓGRADO: Com ambos os planetas *diretos*, uma pessoa passa por experiências no mundo exterior que trazem a transformação pessoal da qual ela tem consciência. Com ambos retrógrados, os desejos (Marte) são reprimidos e muita atividade vai para o interior (inconscientemente), o que cria uma agitação que você não compreende. Ela pode se revelar através de pesadelos de natureza altamente simbólica, compulsões violentas ou outra expressão indireta menos dramática, porque Plutão Retrógrado não pode liberar diretamente as energias ocultas para o nível consciente.

Marte Retrógrado precisa controlar desejos pessoais, muitas vezes através de repressão, até que eles sejam compreendidos, trabalhando inversamente de Escorpião para Áries. Uma vez que Plutão Retrógrado não pode conscientemente controlar ou liberar energias, a transformação deve ocorrer primeiro interiormente. Mesmo assim, a total liberação consciente pode nunca ocorrer, provavelmente porque não necessita.

Uma vez que Marte Retrógrado está em contato com o subconsciente e Plutão Retrógrado está atuando na psique mais profundamente do que o normal, há um contato com forças ocultas de grande intensidade e poder. Mesmo que você não esteja consciente de sua influência sobre os outros, eles estão aprendendo alguma coisa, pois podem observar em sua vida as leis ocultas referentes à morte e renascimento. *Você* está aprendendo a abandonar os desejos pessoais. Tudo que sacrifica no nível consciente transforma ou libera alguma energia reprimida oculta, pois ela foi originalmente criada numa experiência semelhante no passado.

Embora o conhecimento recentemente adquirido sobre a psique humana tenha revelado este processo global de Plutão/Marte, existe pouca coisa que se possa dizer com segurança a respeito de como o processo agirá num mapa individual. Marte/Plutão, direto ou retrógrado, pode ou não mostrar violência, desastre, morte e problemas sexuais. Eles podem ou não mostrar uma espécie de gênio baseado no contato com as misteriosas complexidades da mente subconsciente.

A atividade de Marte sozinha, devida à ação consciente e há muito observada, é muito mais simples de se definir num mapa individual. Porém, sua ligação com Plutão não é. Afinal de contas, o impulso para a individualização da personalidade criou o subconsciente em primeiro lugar. O Senhor do Além não possui as chaves do propósito e direções do deus da Guerra, e eles, que entenderiam o significado da jornada espiritual humana, devem primeiro seguir o caminho de sua própria escuridão para encontrar a morte e o renascimento. Somente então talvez possam compreender o caminho do outro e interpretá-lo num mapa.

A OITAVA CASA é chamada de casa da separação, morte, renascimento, sexo, sacrifício, ritual, tributos, etc. Ela mostra os resultados dos relacionamentos da 7ª casa. O nível em que você aborda a casa de Escorpião, que é em grande parte determinado por Plutão e Marte, ajuda ou dificulta sua eficiência em obter resultados dos relacionamentos. A atitude regenerada do signo na 8ª casa faz com que você se torne mais produtivo em seus esforços conjuntos, que, por sua vez, libertam-no de limitações pessoais. A limitação pessoal na 8ª casa refere-se à sua produtividade que fica limitada quando você atua sozinho. Ela é multiplicada quando junta seus próprios recursos e habilidades com os dos outros.

Em termos psicológicos, o sacrifício vivido na 8ª casa se refere ao sacrifício do ego, tempo, recursos materiais e desejos pessoais como uma contribuição conjunta para multiplicar seu potencial individual. Alguns psicólogos acreditam que planetas na 8ª casa representam funções psicológicas que são negadas ou "sacrificadas" em alguma época da vida. Um pouco da faceta pessoal da função deve ser transformada para agir em conjunto. Isto significa que ela deve ser elevada a um nível além do pessoal.

Por exemplo: a Lua na 8ª casa muitas vezes significa que a imagem da mãe não foi completada. A mãe não está perto fisicamente ou de outra maneira. Ou você se sente rejeitado (muitas vezes inconscientemente), ou sente que sua mãe não era adequada, o que o estimulou a assumir prematuramente o papel de mãe, o que significa que durante parte de sua vida você representou o papel de mãe de modo "adolescente".

O Sol na 8ª casa muitas vezes mostra alguém que demora a amadurecer. Um profundo senso de propósito orienta-o à maturidade, mas um ego superforte precisa primeiro ser transformado. Na maturidade você é capaz de dirigir suas energias de maneira a incluir os outros. Em casos extremos, você parece quase infantilmente envolvido em suas próprias preocupações. Em qualquer caso, seu impulso intenso de energia o coloca em contato íntimo com os outros e assim, seu ego está sendo continuamente sensibilizado através destes envolvimentos.

A 8ª casa exige sacrifício e também mostra por que grandes negócios e tributos estão sob sua jurisdição. Grandes negócios são uma combinação dos esforços das pessoas em direção à meta dos lucros coletivos. Tributos são uma combinação do dinheiro das pessoas em direção à meta conjunta para construir estradas, apoiar burocracias governamentais, etc. Uma herança é o dinheiro que vem de outras pessoas. Morte é superar a limitação física ao sacrificar o corpo para nos juntarmos a algo maior. Portanto, esta também é a casa do corpo astral e reencarnação. A 8ª casa também rege rituais através dos quais você pode evocar as forças do oculto para aumentar seu poder pessoal. Assim, ela rege o oculto. O signo na 8ª casa mostra uma atitude ou qualidade que necessita crescer ou ser regenerada se quiser obter os resultados que procura num relacionamento. O regente mostra as experiências que farão com que você os encontre.

18

SAGITÁRIO, JÚPITER & A NONA CASA

Sagitário é o último dos signos de fogo e o primeiro dos signos universais, possuindo a chave para a transcendência da vontade pessoal e do propósito do Sol. As aspirações e crenças religiosas ou filosóficas obtidas aqui permitem que você estabeleça suas metas para o futuro sucesso em Capricórnio. Aqui você é capaz de adquirir sabedoria através da partilha mútua de idéias, o que conduz a um ponto de vista mais amplo e uma maior compreensão da vida com os relacionamentos que encontra. Você começa a agir sobre as bases de princípios abstratos, ideais, crenças e valores.

Aquilo que você faz na casa de Sagitário oferece o autoaperfeiçoamento na casa de Leão. Cada casa fornece uma estrutura com um limite (cúspide), que é um princípio de Saturno. Na casa de Sagitário você pode se sentir encurralado, criando o impulso de fugir, para escapar dos limites da realidade daquela atividade. Estes limites podem criar frustração, mas são necessários até que as bases de Capricórnio estejam adequadamente desenvolvidas para apoiar seus amplos ideais.

Em Sagitário, você deseja fazer parte de um grupo maior, expressando as coisas que descobriu serem significativas em sua própria vida. Por este motivo, Sagitário é o signo do professor. Mas quem aprende mais do que o professor? Você adquire novas idéias e amplia sua própria filosofia até perceber que suas estruturas de Capricórnio não são mais adequadas.

Alguma coisa morreu em Escorpião para que uma nova meta, uma nova visão possa ser vista na casa de Sagitário. Entretanto, se o desejo autocentrado de Marte não tiver morrido na experiência de Escorpião, Sagitário ampliará sua esfera de influência para proveito pessoal, independente das necessidades dos outros. Ou, sua natural honestidade de expressão pode ser simplesmente uma franqueza que talvez magoe os outros, resultante da falta de sensibilidade.

121

Seu grau de honestidade pode ser determinado pelo modo com que lidou com os oito signos anteriores. Se os valores pessoais não foram construídos na casa de Touro, você pode não ter consideração ou compreensão pela diferença entre o que é seu e o que não é. Sem os fatos necessários (Gêmeos) para apoiar seus conceitos mais abstratos, você pode se voltar para um superexagero ou até mesmo para a fraude. Os aspectos de Júpiter ou de planetas em Sagitário com planetas nos oito primeiros signos indicarão o uso das energias de expansão de Sagitário. Quadraturas com planetas nestes signos sugerem um desenvolvimento incompleto de atitudes com respeito aos assuntos das casas.

Você libertou poder na casa de Escorpião. Como vai dirigi-lo? Este é o problema de Sagitário, pois ele é aquele que busca as metas. Com a energia do cavalo abaixo e a compreensão intelectual de seu potencial humano acima, você tem a força e a sabedoria para se dirigir com fé e confiança a esferas mais amplas de experiência social. Isto é representado pelo símbolo de Sagitário, o torso humano no corpo de um cavalo. Esta força e conhecimento permitem que você se atire em suas metas (representada pela flecha do arqueiro). Qual a metade que terá mais influência? — a animal ou a intelectual? A necessidade de liberdade é expressada através de ideais amplos ou um viver amplo?

A posição de JÚPITER no mapa mostra as atividades através das quais seus princípios sociais básicos e sua ética são moldados e desenvolvidos. No início da vida isto incluirá instrução, educação religiosa e ambiente familiar para todas as pessoas, mas a casa de Júpiter mostrará uma área especificamente importante.

Júpiter se dirige para experiências mais amplas a fim de levar horizontes mais vastos para a casa de Sagitário. De um modo geral, Júpiter permite que você amplie alguma área de sua vida para compensar a função limitadora de Saturno em sua casa. Com o Saturno subdesenvolvido, Júpiter pode expandir excessivamente em alguma área — como comer em excesso, gastar em excesso, atitudes religiosas fanáticas ou aprender demais sem assimilação de fatos. Júpiter rege o processo de assimilação em níveis físicos, mentais, emocionais ou espirituais. Como o fígado produz bílis para digerir os alimentos, sua educação religiosa, moral, ética e social criam princípios pessoais e atitudes filosóficas que dão significado à experiência concreta.

A função de JÚPITER/SATURNO é uma atividade de compensação. Júpiter expande, Saturno limita. O que isto significa para você? Nós estamos sempre tentando nos expandir de alguma ma-

122

neira, consciente ou inconscientemente, fisicamente, mentalmente ou de algum outro modo. A casa de Júpiter mostra uma área de experiência aonde podemos expandir — até determinados limites. Estes limites serão mostrados pela posição de Saturno. As limitações de Saturno são simplesmente exigências para que aprendamos alguma coisa, fortaleçamos nossa posição ou cuidemos das responsabilidades atuais antes que possamos continuar expandindo um pouco mais. A expansão requer uma base sólida. Este é um bom exemplo da verdade de que seu mapa não o controla — você controla o mapa. É bem possível que você se expanda excessivamente na casa de Júpiter, enquanto atua sobre bases frágeis na casa de Saturno, apenas para finalmente os assuntos de Júpiter desabarem sobre você. Uma oposição Saturno/Júpiter pode aumentar esta tendência.

Com uma conjunção, o impulso de expansão se identifica com o impulso de limitação. Saturno pode cristalizar as filosofias de Júpiter numa estrutura moralista. Ou, um constante impulso para expandir pode estar continuamente acompanhado de um sentimento de culpa. Ou, responsabilidades representadas por Saturno podem limitar a expansão da casa em que ocorre a conjunção. Em equilíbrio perfeito, esta conjunção mostra um forte senso de responsabilidade social e espiritual com a capacidade de se expandir através de sua projeção.

A fase de relacionamento mostra o modo natural de lidar com estes dois impulsos contrários. A Parte de Expressão de Saturno/Júpiter mostra a área de vida onde suas responsabilidades sociais atuam mais ativamente. Diz-se que a última conjunção de Saturno/Júpiter (por colocação de casa e signo em seu mapa natal) antes de seu nascimento, indica "seu nicho" na vida. Escobar diz, em *Sidelights of Astrology*: "Ela indica o verdadeiro nicho do nativo na vida, sua sensação de pertencer e de ser aceito ou rejeitado, seu senso de adequações ou inadequações. Acredito que mostre o padrão de sua geração e de como e onde ele pode atuar melhor neste padrão com um sentimento de satisfação da alma".

JÚPITER RETRÓGRADO: Se Júpiter está retrógrado, a função social está de algum modo inibida. Isto não pretende sugerir que você não é capaz de atuar em situações sociais. Entretanto, realmente indica que há algum problema nas atitudes ligadas à participação social nas atividades da casa envolvida. O dispositor pode mostrar a fonte do problema. Quando retrógrado, Júpiter precisa aprender a lição de fé e compromisso de Peixes, antes de conseguir se expandir mentalmente com sucesso e de fazer contatos mais amplos ou utilizar princípios pessoais nas atividades da casa de Sagitário.

As experiências da casa de Júpiter retrógrado podem lhe trazer alguma frustração no que se refere à habilidade de se expandir socialmente. Por exemplo, se Júpiter é retrógrado na primeira casa, talvez você mesmo seja seu pior inimigo. Aquilo que projeta pode limitar ou agir contra seu próprio desejo de expandir. Você pode comer em excesso, criando uma aparência desagradável; pode assimilar muitos fatos desnecessários sem utilizá-los de modo útil, significativo ou prático. A função dos planetas retrógrados é transformar os seus impulsos. Não é difícil vermos as estruturas religiosas ou a filosofia entranhadas por um condicionamento anterior, necessitando serem reconstruídas ou se tornarem mais pessoais para irem de encontro às necessidades do indivíduo.

A NONA CASA: A nona casa representa todas as experiências que expandem sua mente e o ajudam a formar sua filosofia ou compreensão ética e religiosa da vida. Assim, esta casa rege a religião, a educação superior, viagens (o que aumenta seu conhecimento de cultura) e lei (que estabelece as regras de conduta coletiva). O conhecimento mais amplo que você obtém aqui permite que adapte atitudes pessoais e idéias a conceitos coletivos.

O signo na nona casa mostra a natureza de sua filosofia e os princípios éticos na vida e quais são suas necessidades para formulá-los. O regente mostra para onde você se dirige para adquirir as experiências que moldam e desenvolvem suas filosofias. A reputação de sua décima casa será baseada na qualidade destes princípios e, assim, sua habilidade para agir num nível social. Se você não juntar suas energias com a do outro ou outros na oitava casa, não será capaz de se expandir significativamente na sociedade pois ainda está atuando num nível individualista. Você não será capaz de incorporar o que aprende com os outros em seu próprio modo de viver e será como o andarilho que viaja sem rumo pela vida, juntando experiências apenas para seu interesse pessoal.

Na nona casa você entra em contato com o conceito humano a respeito de Deus através da Igreja ou outras estruturas de sabedoria *revelada*. Se estes conceitos encontrarem uma resposta dentro de você, eles o levarão para adiante em sua busca pessoal de Deus na décima casa, onde desejará contribuir para o todo maior. Às vezes, a nona casa atua em diversos níveis. Se você está buscando uma imagem pública (10^a), então, de acordo com as regras da sociedade, necessita de educação para ajudá-lo. Se estiver procurando um modo de contribuir com a sociedade, então isto é ba-

124

seado em suas crenças, etc. Se estiver buscando Deus, necessita uma experiência religiosa ou oculta que o inicie na percepção mental mais ampla de uma fonte divina de vida. Você pode se tornar único com esta fonte na décima segunda casa que contém as experiências (como meditação) que o ajudam a superar limitações "cármicas".

19
CAPRICÓRNIO, SATURNO & A DÉCIMA CASA

Capricórnio é provavelmente o signo menos compreendido do zodíaco. Os ocultistas dizem que ele é o mais espiritual dos signos e, portanto, não estamos prontos para compreender seu significado até que nos tornemos mais evoluídos. De acordo com Alice A. Bailey, mesmo seu símbolo nunca foi representado com precisão. Pensamos que uma compreensão psicológica da astrologia nos ajuda a encontrar significados novos e mais amplos no décimo signo e talvez isto seja um passo em direção à compreensão de seus significados mais definitivos.

A casa de Capricórnio mostra onde você necessita de um sólido sentimento de identidade social. Saturno mostra como e onde você constrói as estruturas interiores de relacionamentos práticos com o mundo, necessárias para desenvolver a identidade social de Capricórnio. A 10ª casa é sua imagem objetiva real aos olhos do mundo. Saturno mostrará como e onde você constrói as estruturas exteriores necessárias para que a sociedade o aceite e reconheça.

Na casa de Leão você se torna uma pessoa totalmente individualizada na medida em que é capaz de ser consciente de sua própria individualidade nesta vida. Capricórnio representa a *meta* da individualidade — ser um membro responsável da sociedade, um indivíduo com seu lugar entre os outros indivíduos. Você ainda mantém sua própria separação mas também é responsável por alguns segmentos de essência coletiva — poder do dinheiro, da terra, das pessoas, dos alimentos, da mente, etc. A necessidade natural por separação freqüentemente dá a Saturno e Capricórnio esta conotação negativa. A maior parte das pessoas precisa de muita experiência para enfrentar os extremos do lado Saturno de si mesmas. Elas podem ver sua separação como um padrão vertical no qual são "maiores" que os outros, ou permanecem acorrentadas ao seu profundo sentimento de inadequação ou culpa. Algumas vezes fazem ambas as coisas de modos diferentes.

Se você expressa uma destas atitudes, identificou-se com a idéia de separação e não de igualdade. Se obteve o respeito desejado pela casa de Capricórnio ao dominar (correndo o risco de magoar outras pessoas), ou por obrigação e não por convicção, ou como uma compensação para sentimentos de culpa, então os limites que construiu entre você e a sociedade se tornaram cristalizados. Você se separou tão completamente que não pode mais se relacionar como um *igual* com as outras pessoas. Os resultados desta cristalização serão vistos na casa de Capricórnio mas a posição e os aspectos de Saturno mostrarão a causa. Na casa de Capricórnio você deve viver de acordo com as leis, princípios e limitações da sociedade e também com as atitudes e padrões de sua própria psique, que são os resultado de condicionamento social/parental. Até que encontre uma maneira produtiva de fazê-lo, não haverá estrutura através da qual os planetas transsaturninos possam agir em sua vida consciente. (Eles ainda agirão, mas somente como impulsos inconscientes.)

A princípio, você pode se sentir inadequado em sua casa de Capricórnio, pois ainda está construindo seus próprios limites e padrões de funcionamento. Urano mostrará onde você se revolta contra as pressões de estrutura ou onde pode levar algo novo para ela. O estabelecimento de um relacionamento prático satisfatório com a sociedade talvez fique difícil, se houver muita revolta.

O significado psicológico de Capricórnio e Saturno é estabelecer uma posição útil na sociedade, desempenhando suas responsabilidades com os outros sem exigir ou contar com o resto da sociedade para a satisfação de ego através do reconhecimento de sua própria superioridade. A verdadeira autoridade e gratidão são *oferecidas* ao indivíduo pela sociedade, em reconhecimento de suas realizações reais, nem mais nem menos. (Saturno rege o carma, a lei da causa e efeito, seja em termos de uma ou de muitas vidas.) Se você fica separado ao construir paredes do ego ao seu redor, a sociedade fará a mesma coisa. Ela não o deixará entrar quando bater à sua porta.

É em Capricórnio que atuam todas as características do ego formado pela sociedade. Devido às implicações sociais, você está procurando respeito dos outros, mas precisa ser responsável e ambicioso para obtê-lo. Dependendo da força de seu ego (a combinação do Sol e Saturno) você persevera frente a quaisquer obstáculos. O presidente Nixon (Sol em Capricórnio), quando confrontado com a desaprovação do povo disse: "Eu não desistirei". Ele mostrou que foi a influência de seu *pai* que o ensinou a permanecer numa situação difícil até o fim. Geralmente é o pai que determina consciente ou inconscientemente a atitude básica com relação ao nosso lugar na sociedade. Planetas em Capricórnio terão suas funções condicionadas de algum modo pelo pai. As atividades da casa de Capricórnio agem através de atitudes condicionadas pelo pai, conscientemente ou não.

SATURNO representa o modo como você reagiu à disciplina, autoridade e exemplo de seu pai. Ele *pode* representar um quadro objetivo do relacionamento anterior, mas com freqüência não o faz. Pode-se dizer apenas que ele mostra como você, enquanto indivíduo, reagia a seu pai. Os aspectos com Saturno mostram, mais do que qualquer outra coisa, onde você tinha conflitos ou facilidade ao se relacionar com o pai, e a chave fase-aspecto, encontrada neste livro, geralmente pode descrever graficamente a qualidade da resposta. Os aspectos com os planetas mais rápidos indicarão o propósito oculto atrás do pai, pois os planetas mais rápidos mostram alguma condição ou atitude passada a partir da qual o relacionamento com o pai faz com que você se esforce. Os aspectos com planetas exteriores mostram impulsos subconscientes ou influências sociais tentando transformar a imagem do pai resultante do relacionamento.

Mais tarde, provavelmente iniciando aos sete anos, mas atingindo um possível final aos 28 anos, as influências de Saturno tornam-se internalizadas e são chamadas de ''a imagem do pai'' ou ''a figura do pai''. Assim, Saturno passa a significar sua resposta a toda autoridade e estrutura social e seu próprio senso de ''autoridade interior''. Em outras palavras, se seu pai lhe ensinou a nunca mentir e você se recusa a fazê-lo somente por temer o castigo de seu pai ou da lei, a imagem paterna não está internalizada. Quando escolhe dizer a verdade porque você mesmo acredita que esta é a coisa certa a fazer, a imagem está internalizada. Ela se torna sua própria autoridade interior. Todavia, se diz a verdade porque teme se sentir culpado, você teme sua própria imagem paterna, agora internalizada.

Como o pai geralmente é a primeira pessoa que você vê saindo para o mundo ainda desconhecido e voltando à noite com declarações sobre seu relacionamento com este mundo, é ele que condiciona seu futuro relacionamento com a sociedade. Até o fato de você dizer ''Eu nunca serei como meu pai'' é um resultado da influência dele sobre sua vida.

O que dizer da pessoa que não teve pai, ou cujo pai raramente estava por perto? Ele pode estar encontrando imagens do pai ao seu redor, mas em qualquer caso a ausência também é uma influência paterna, de natureza oposta. Saturno mostrará como você responde a este tipo de influência. Com freqüência encontramos Saturno retrógrado nos mapas de pessoas com pouco ou nenhum relacionamento com o pai, ou que se revoltaram contra a sua influência. Algumas vezes, encontramos Saturno na 8ª casa, sugerindo um pai que passava muito tempo longe de casa ganhando dinheiro para o sustento, ou na 12ª casa, mostrando algumas vezes um pai que era doente física, emocional ou mentalmente. Com Saturno na 7ª casa você provavelmente não se identifica com a imagem do pai, talvez por ele ter sido "distante" em suas atitudes com relação a você. Neste caso, você estará buscando homens ou mulheres mais velhos para parceiros ou sócios a fim de preencher este sentimento de ausência.

Saturno aparece num mapa, não para lhe impor uma viagem difícil, mas para ajudá-lo onde você precisar da função de disciplina e caráter para estabelecer limites de individualidade mais fortes ou padrões de comportamento. Saturno, o pai, está aqui para ajudar a construir estes padrões, que finalmente preencherão as necessidades da casa de Capricórnio. As aparentes limitações impostas por Saturno são com o propósito de concentrar sua atenção no verdadeiro significado da experiência de sua casa. Até que tenha compreendido o significado mais profundo da experiência de Saturno e se esforçado para encontrar um padrão de comportamento, ação ou pensamento que se encaixe nas exigências da sociedade, você não pode adquirir o respeito necessário na casa de Capricórnio.

Saturno é a função que estrutura, que constrói limites tornando-o um indivíduo por seus próprios méritos, aos seus olhos e aos olhos dos outros. O que acontece na casa de Saturno tem um efeito cristalizador no desenvolvimento da consciência do Sol, o que — até certo ponto — é necessário. (Veja o capítulo de Leão-Sol.) Saturno tem a dupla função de estabelecer as estruturas interiores e exteriores. Aqui, sugerimos usar a palavra "padrões" como substituta, tal como padrões de comportamento, de hábitos, de adaptação, de aprendizado, de relacionamento, etc. Os três primeiros se referem à Lua, os outros dois a Mercúrio e Vênus, e todos são atividades que precisam ser "estruturadas" em padrões aceitos pela sociedade. Se os padrões são negativos, alguma coisa não deu certo com a função paterna.

Quando SATURNO/JÚPITER/URANO estão juntos, são muito importantes. Júpiter é a função ética que representa os princípios sobre os quais você está construindo os padrões de Saturno. Júpiter também é a função social — ser cooperativo com os outros para aumentar seu próprio progresso e expandir suas idéias. O modo como você se expande nesta aventura cooperativa é determinado por seus valores sociais e sua filosofia. Você perceberá que de acordo com o sistema de fases-aspecto, Saturno define ou limita Júpiter. Isto quer dizer que se seus princípios não forem adequados ao seu "lugar" na vida, a sociedade o derrubará. Você não pode se expandir socialmente além de suas reações ou atitudes para com as restrições definidas pelo meio ambiente social atual, sem repercussões. Esta limitação não precisa ser negativa.

Urano é aquele que desperta você para uma lei de existência maior. Se você nasceu num bairro pobre, sua vida pode ser limitada até certo ponto, por seus "conceitos de ego", que foram condicionados pelo meio ambiente. A energia inicial de revolta (Urano) contra as condições pode conduzir a uma inesperada percepção de que você pode fazer mais do que aquilo que a sociedade parecia estar dizendo ser possível.

Saturno está aqui para concentrar sua atenção na necessidade de construir determinadas estruturas. Quando tiver conscientemente visto esta necessidade e começado a realmente construir os novos padrões, Urano pode, através de alguma experiência inesperada, abrir o caminho para a percepção de que você é mais do que qualquer um pensou que fosse, inclusive você mesmo. Com os limites do ego ampliados, sua habilidade para se expandir (Júpiter) encontra novos campos para explorar e maior "riqueza" (espiritual ou material) nas aventuras cooperativas. Contudo, é necessário que o lado ético de Júpiter continue durante a experiência. (Veja o capítulo sobre as "partes" para mais informação sobre o relacionamento de Júpiter e Saturno.)

SATURNO RETRÓGRADO enfatiza o domínio tradicional de Saturno sobre Aquário e Capricórnio. Esta dupla regência explica o relacionamento estreito de Saturno com Urano e também indica que a meta de Capricórnio é realmente a igualdade (Urano) entre indivíduos separados (Saturno). A regência de Saturno em Aquário também explica o que acontece se Saturno é retrógrado. Nesta condição, você é incapaz de estabelecer limites conscientes de separação ao seu redor, porque no passado talvez tenha tido padrões que levassem ao sentido de separação vertical anteriormente mencionado. Entretanto, você realmente possui limites subconscientes (muitas vezes na forma de ressentimentos) que com freqüência você projeta negativamente e inconscientemente. Estas atitudes precisam ser reorganizadas, reestruturadas ou "repadronizadas" de acordo com o signo que Saturno ocupa.

Por exemplo, em Sagitário, sua filosofia básica necessita ser não somente estabelecida num nível individual, mas também se voltar para o interior a fim de "repadronizar" completamente o impulso subconsciente de ser um indivíduo separado. Os princípios básicos precisam se tornar uma parte da existência total, não apenas na superfíce externa.

A força interior que permite a você se apoiar, deve ser construída a partir do zero, pois existem inseguranças latentes com respeito à sua adequação como indivíduo. Elas precisam ser trazidas para o nível consciente e "definidas" ou "repadronizadas" para desenvolver um modo mais igualitário (menos vertical) de se relacionar com a sociedade. Assim, como explicamos no capítulo sobre os planetas retrógrados, o lado aquariano da função de Saturno deve ocorrer antes que as estruturas da casa de Saturno possam se tornar reais e sua identidade de Capricórnio se estabelecer com firmeza aos olhos dos outros. O serviço e a igualdade precisam se tornar uma parte de sua natureza interior antes que a autoridade possa surgir.

A casa de Aquário mostrará onde pode ser encontrada uma nova percepção dos relacionamentos sociais igualitários que revelarão a necessidade e possibilidade de reconstruir os padrões de Saturno. Sua capacidade de reorganizar estas atitudes finalmente melhorará sua identidade pública em Capricórnio.

A DÉCIMA CASA mostra sua orientação básica em direção à sociedade, e seu regente mostra o que você necessita para tornar real o seu papel na sociedade. Geralmente, esta orientação vem do exemplo objetivo do pai, embora ocasionalmente venha da mãe. Portanto, a 10ª casa ou seu regente darão uma compreensão das condições subjacentes à sua capacidade ou falta desta para se estabelecer no mundo exterior.

Todos precisam de uma imagem social — um conhecimento consciente de que se pertence a algum lugar no mundo e que somos respeitados por esta posição. O regente da 10ª casa mostra como você adquire esta imagem. O signo mostra o caminho natural que você pode e deve encontrar em público se não estiver de algum modo limitado pelo condicionamento. Os aspectos do regente mostram o tipo de condicionamentos pelos quais pode ter passado. O signo da 10ª casa mostra o papel que você representa para estabelecer sua imagem pessoal num nível social. Ele também mostra como precisa modificar a projeção de seu Ascenden-

132

te para torná-la mais aceitável no mundo exterior. Porém, mais do que isto, a experiência da 10ª casa revelará sua real capacidade de contribuir com o mundo exterior. Em algum momento você deve decidir se usa seu poder público apenas para proveito pessoal ou em benefício do todo. O regente mostra de quais experiências você precisa para se estabelecer. Portanto, sua posição fornecerá uma pista quanto à natureza de sua profissão ideal e à facilidade com que pode obter *status* através dela. Planetas na 10ª casa mostram outras áreas de vida (as casas regidas pelos planetas que as ocupam) que dependem de seu papel social para a satisfação de suas necessidades. Por exemplo, com Júpiter na 10ª casa, regendo a 5ª casa, o impulso para ampliar sua influência social através da expressão criativa só pode ser realizado ao estabelecer uma imagem social ou reputação. Se você é escritor, seus livros venderão devido ao seu nome.

20

AQUÁRIO, URANO
& A DÉCIMA PRIMEIRA CASA

Aquário mostra onde você precisa se libertar das estruturas da casa de Capricórnio quando elas perdem sua utilidade, ou talvez para levar novas idéias a elas. As experiências da casa de Urano despertam a percepção desta necessidade e abrem sua mente para idéias mais progresistas. A 11ª casa representa as experiências sociais que fazem você perceber a necessidade de ser progressista a fim de manter sua imagem social e obter uma consciência de grupo.

Se você se tornar cristalizado nas estruturas que construiu na casa de Capricórnio, o respeito dos outros torna-se uma concha vazia e sem significado que Urano precisa finalmente abrir para que o conhecimento e os ideais da casa de Aquário possam renascer. A casa de Aquário mostra onde você pode experimentar condições incomuns e se libertar de condições passadas estruturadas enquanto suas atitudes se dirigem ao novo, ao incomum, ao moderno e ao futurista.

Se você atingiu um senso de identidade pública (Capricórnio), Aquário representará os ideais que conseguirão esta identidade através do serviço à humanidade. O respeito que obtém através das experiências de Capricórnio torna-se expressivo para o grupo através do serviço que oferece na casa de Aquário. A implicação do símbolo do Homem com o jarro de água é a de que a atividade da casa de Aquário necessita representar um serviço realizado como um igual, o que traz uma nova atitude ou sensação de liberdade para os outros e para si mesmo. A "percepção especial" na casa de Aquário é a capacidade para perceber o que as pessoas necessitam, como um todo, mas com freqüência o problema é não se reconhecer as necessidades de indivíduos.

Enquanto Escorpião tem o poder do grupo no sentido de ser capaz de focalizar a energia dos outros em algum tipo de meta, Aquário representa uma forma mais consciente de poder de gru-

135

po. O aquariano pode estar consciente da função de cada indivíduo num grupo assim como das necessidades do grupo como um todo. Ele é capaz de verbalizar estas necessidades para manter o grupo em atividade ao trazer novas idéias para seu funcionamento. Aquário está relacionado com a liberdade de indivíduos na sociedade — pelo menos em nível teórico. Devido a este idealismo social, Aquário com freqüência acha as estruturas de Capricórnio muito restritivas e trabalha para renová-las interiormente ou para destruí-las completamente, preparando novas estruturas. Se não houver uma meta já concebida, Aquário pode representar a destruição pura não somente no nível social, mas em níveis pessoais quando o indivíduo se revolta contra a autoridade sem ter um plano responsável para um comportamento futuro construtivo. Mas, como quer que se olhe para ele, existe alguma coisa única, cosmopolita, experimental a respeito da casa em Aquário na cúspide.

URANO, o primeiro dos planetas transpessoais, traz mudanças súbitas, separações ou outras experiências inesperadas e algumas vezes incomuns para a casa que ocupa. Muitos textos astrológicos indicam que os trânsitos de Urano indicarão a separação entre você e as pessoas representadas pela casa sendo transitada. Talvez você fosse dependente destas pessoas e a perda cria a súbita consciência de que deve procurar suas respostas dentro de si mesmo. Você descobre que precisa se concentrar em sua própria individualidade, assim como ter a consciência de ser parte da humanidade numa base de igualdade. Estas experiências abrem sua mente para os potenciais inconscientes que vão além das habilidades condicionadas e treinadas. As situações são tantas que você *precisa* pedir a ajuda de capacidades maiores que não sabia possuir. Em outros casos você se sentirá limitado na casa de Urano pois ele cria impulso de "irromper". Você se revolta ou irrompe ao levar os assuntos da casa de Aquário para a casa de Urano.

Atuando como um impulso inconsciente para que você seja um indivíduo criativo, Urano traz experiências interiores, como *flashes* de percepção intuitiva e imagens que têm poder para motivar o uso de sua inventividade. Por exemplo, a maior parte das pessoas com 14 ou 15 anos (época do sextil de Urano estar em sua posição natal) tem um "quadro" ou "imagem" em suas mentes sobre o seu futuro papel na vida e da capacidade de fazer alguma coisa única. Com freqüência este sonho fica submergido pelas necessidades e exigências materiais na quadratura de Urano com Urano por volta dos 21 anos de idade. Aos 28-30 anos, quando o trígono de Urano está em sua própria posição, elas devem decidir se vão materializar seu sonho numa forma prática ou ignorar seu impulso criativo interior. Ao 42 anos (a oposição), seu potencial criativo singular se realiza no mundo exterior se o fizeram ser valioso para os outros. A instabilidade também existe, pois elas precisam mudar o modo como anteriormente expressavam sua individualidade de Urano ou porque não aceitam o significado mais profundo de sua própria individualidade e seu relacionamento com a individualidade dos outros. Assim, em diversas etapas da vida, Urano está ligado à capacidade de "imaginar" que nos ajuda a descobrir nossos potenciais criativos.

A POLARIDADE SOL/URANO talvez represente a polaridade mais significativa no mapa, mas da qual poucos estão conscientes. É o relacionamento entre sua personalidade consciente ou "ego" e seu impulso inconsciente de se tornar universalizado ou mais do que apenas um indivíduo separado. A fase do relacionamento do Sol e Urano mostrará a singularidade deste relacionamento, mais definido pelas duas partes.

AS PARTES*

A PARTE DA INDIVIDUALIDADE: é a "Parte de Expressão" de Sol-Urano. Ela mostra onde você está procurando conscientemente expressar sua individualidade interior. É o ponto sensível em seu mapa que caracteriza a fase de relacionamento entre o Sol e Urano, mostrando sua maneira única de expressar o significado do relacionamento em sua própria vida. É o modo pelo qual você expande sua consciência de um nível pessoal a um nível mais universal e a área de vida na qual a expansão prossegue.

A PARTE DA INTUIÇÃO é onde a individualidade interior utiliza seu propósito consciente e energias da personalidade ao "enviar imagens" ou idéias do inconsciente. Achamos que as experiências da casa estão, de certo modo, extraindo estas imagens.

AS FASES DO SOL E URANO:

FASE NOVA — O inconsciente está espontaneamente projetando idéias através da personalidade. Estas idéias com freqüência são maiores do que você próprio poderia ter idealizado. Você

---

* Veja o capítulo 6 para calcular estas partes.

pode não perceber o que vai dizer antes de fazê-lo. Os professores com esta fase de relacionamento muitas vezes aprendem tanto quanto seus alunos. Esta fase de Sol/Urano tem uma qualidade de Leão porque o ego consciente precisa ver as imagens inconscientes de Urano *refletidas* (como ver as respostas dos outros a elas) para ficarem conscientes da realidade do inconsciente.

A *Parte* mostra a área de vida e o modo como você projeta mais naturalmente a polaridade.

FASE CRESCENTE — Condições inesperadas na casa de Urano despertam imagens do inconsciente que levam ao ego solar uma realização consciente da necessidade de elevar o nível de resposta ao signo solar. Condições do passado na casa do Sol tendem a detê-lo, pois sua segurança está sendo desafiada. Você pode ter dependido de um lado mais material do signo solar. Sua individualidade interior está tentando lhe mostrar como as coisas devem ser, enviando imagens e idéias do inconsciente. Ou, podem existir algumas perturbações inesperadas na casa de Urano que mostram a necessidade de não mais depender do passado.

A *Parte* mostra onde e como a energia gerada pelo esforço é mais naturalmente expressada. Esta casa é muito afetada pela força com que você luta para sair do passado.

FASE DO QUARTO CRESCENTE — *Não* é o esforço para se tornar consciente de atitudes e condições que o impede de expressar alguma coisa nova e mais universal. Você já sabe que quer fazê-lo. Mas ainda existem antigas condições em seu caminho. Você pode encontrar ou criar uma crise enquanto se move para expressar as novas condições e se confronta com estas antigas condições (na casa do Sol). Elas provavelmente serão condições exteriores mas também representam uma batalha com seu próprio ego. Seus métodos serão destrutivos para os outros, o que mostraria os desejos do ego agindo ou destruirão somente o que realmente não é mais útil, para que você possa construir novas estruturas?

A *Parte* mostra onde você se liberta ativamente e agressivamente das antigas estruturas relacionadas à casa do Sol para descobrir uma saída para a expressão consciente das imagens de Urano. Esta saída será encontrada na casa da Parte. Seu modo de atuar é descrito pelo signo.

FASE CONVEXA — No início da fase convexa, as condições na casa de Urano o estimulam a expressar o novo e original de maneira tão autoconfiante que é muito irritante para os outros, pois você não aprendeu uma boa técnica para expressar a individualidade. Por volta dos 150° a personalidade está se tornando consciente da necessidade de aprender técnicas melhores e de aperfeiçoar os canais de sua própria singularidade. Entre 150° e 180° há um impulso crescente para tornar sua originalidade valiosa para os outros, porque você percebe que nela existe um significado ou importância maior do que pode compreender. Você está procurando este significado.

O ponto principal é analisar como você está sendo um indivíduo e perceber que sua verdadeira individualidade não é separada (Saturno) mas sim um valor universal (Urano). Esta fase é regida por Saturno, indicando conflito entre o condicionamento do ego que lhe diz para ser separado dos outros e o eu interior que deseja que você se torne uma parte do todo. Ao mesmo tempo, a qualidade de Saturno é necessária, pois constrói as estruturas de que Urano necessita para se completar (na fase cheia). Portanto, você não pode escolher um ou outro. Você precisa de ambos e nesta fase está procurando uma compreensão consciente de como pode uni-los.

A *Parte* mostra o caminho mais característico ou natural para você analisar e aperfeiçoar a polaridade como mostrada pelo signo. A casa mostra a atividade através da qual ela pode ser mais facilmente expressada.

FASE CHEIA — Esta fase geralmente mostra uma considerável maturidade e consciência ao utilizar as forças de seu próprio gênio, depois de resolver a instabilidade ou ambivalência inicial no que se refere à tensão entre o ego e o *self* interior. Você está enfrentando forças opostas que se objetivam em seus relacionamentos exteriores. Ao lidar com elas, torna-se consciente de algo que nunca soube possuir. Separações e pontos de vida divergentes podem fazer parte das circunstâncias, mas através deles podem surgir revelações de natureza muito incomum. Elas podem ser simplesmente idéias estranhas sem nenhuma substância, se você não for capaz de encontrar um significado mais profundo. Você pode acreditar que acaba de ter uma fantástica visão e precisa correr para comunicá-la a todos. Você *realmente* precisa expressar estas idéias e experiências, mas é importante que permaneça aberto às experiências dos outros ao mesmo tempo.

A *Parte* mostra aonde e como a instabilidade ou as realizações irão encontrar sua saída mais natural.

A FASE DISSEMINANTE — O *self* interior está estabelecido na consciência e faz com que você sinta o impulso de sair e expressar algo de significado interior para os outros. Isto pode ocorrer na forma de estimular os outros a se revoltarem (especialmente na sesquiquadratura) ou de compartilhar novos ideais de liberdade. Estes ideais devem ser significativos para você. Se não forem, você está partilhando algo vazio que simplesmente desperta nos outros uma necessidade irracional de se manifestar. Em seu melhor nível, Urano está enviando *flashes* de imagens que tornam você consciente de valores e significados mais elevados em relacionamentos mais amplos. Seus ideais são universais em qualidade. Os contatos que faz despertam mais imagens do *self* interior quando o Sol se aproxima do final da fase e estas realizações abrem novas áreas de investigação, tornando-o consciente de que existem extensões mais amplas de verdadeira individualidade.

A *Parte* mostra a área de vida e o caminho que você segue compartilhando seus ideais de liberdade mais universais e sua relação com o grupo.

FASE DO QUARTO MINGUANTE — Alguma coisa acontece e traz desilusão aos ideais com os quais você cresceu. Você precisa reorientar seu ego consciente para ideais novos, mais adequados. Neste momento, a originalidade por trás de sua direção e propósito conscientes, muitas vezes é representada pelas pessoas com as quais está descobrindo uma necessidade de princípios diferentes e mais elevados de relação com a sociedade. Interiormente, a percepção cresce, embora exteriormente você vista a máscara de suas antigas idéias. Quanto mais perto estiver da quadratura, mais subitamente e eficazmente a máscara cairá e surge a nova individualidade. Se você não construiu um novo conjunto de ideais depois da desilusão, sua resposta a esta fase pode ser uma revolta sem sentido ou talvez a doença.

A *Parte* mostra a área de vida mais fortemente afetada pela reorientação de seu propósito feita por sua individualidade interior e onde você tem mais chance de expressar a individualidade recentemente criada.

FASE BALSÂMICA — Seu *self* interior está enviando imagens que o obrigam a reavaliar sua direção e propósito conscientes, na casa do Sol. Vislumbres proféticos do futuro fazem com que você deseje se comprometer com um nível novo, mais elevado de consciência de grupo. Você sente necessidade de eliminar antigos padrões de personalidade para se tornar um canal para os novos padrões; sente-se isolado, seja por se achar inferior à nova visão ou por estar vivendo alguma coisa que os outros não compreendem. Em qualquer caso, sacrifica alguma coisa de sua consciência pessoal para se tornar mais universal.

A *Parte* mostra a saída para este senso de dedicação e estará

140

na 11ª ou 12ª casa, possivelmente até na 10ª casa, mostrando que novos ideais de serviço social fazem parte da visão.

A DÉCIMA PRIMEIRA CASA: Os significados da 11ª casa se expandiram recentemente, ao mesmo tempo em que a consciência do homem a respeito de seu envolvimento com a sociedade. No entanto, é na 12ª casa que encontramos a verdadeira unidade com a totalidade da vida ou, pelo menos, a dedicação a ela. Anteriormente, quando a consciência humana era limitada, as metas por realização da 10ª casa eram mais pessoais e a 11ª casa era legitimamente uma casa de esperanças pessoais, desejos e amizades. Mais recentemente, com o nascimento de sindicatos de trabalhadores e, em outros níveis, de grupos locais de todos os tipos, as pessoas estão encontrando mais oportunidades para compartilhar metas que são inatingíveis sem a ação coletiva.

A 11ª casa representa os resultados de suas habilitações sociais e seus contatos com outros que tenham a mesma qualificação. Estas alianças têm uma função de apoio e podem atuar em níveis pessoais, sociais e profissionais de acordo com o nível de realizações da 10ª casa. No nível pessoal, estamos vendo novas formas de alianças. A nova geração aceita o fato de duas pessoas (sejam do mesmo sexo ou não) viverem juntas numa relação livre (com freqüência confundindo com um relacionamento da 7ª casa). Este tipo de relacionamento implica na liberdade total, juntamente com a cooperação e amor desinteressado. Este é um ideal raramente alcançado, mas também uma meta através da qual nos esforçamos para entrar na Era de Aquário. A sociedade ainda não está preparada para aceitar uma expansão tão radical dos relacionamentos da 7ª casa, em parte porque a nova geração ainda não aprendeu a enfrentá-los com o desprendimento de Aquário, necessário para a igualdade. Devido à natureza balsâmica de nosso estágio transitório entre duas eras, não foram fornecidas estruturas e o novo ideal está atuando na antiga estrutura pisciana.

No nível profissional, a 11ª casa descreve os recursos necessários para apoiar seus negócios, sua imagem, suas responsabilidades sociais. Estes recursos podem ser materiais, mentais, emocionais ou psicológicos, e sua natureza será descrita pelo signo na cúspide. O regente da 11ª casa mostra como e onde você apóia ou mantém a posição e imagem de sua 10ª casa. Seu valor pessoal na sociedade é mostrado pela 10ª casa e seu regente, mas para manter este valor você precisa sustentar o tipo de energia mostrado pelo regente planetário da 11ª casa, na área de vida descrita por sua posição de casa.

Enquanto a 2ª casa mostrará o rendimento pessoal de seus negócios, a 11ª casa mostra a capacidade de ganhar nos negócios — sua capacidade para obter fundos suficientes e continuamente desenvolver a operação. Se você não está nos negócios para si mesmo, ela se refere ao potencial para aperfeiçoar e expandir seu valor social e assim manter suas ligações sociais e organizacionais. Psicologicamente, a 11ª casa é sua capacidade emocional para apoiar todos os esforços por realização e contribuição, através da inspiração de ideais humanitários.

21

PEIXES, NETUNO
& A DÉCIMA SEGUNDA CASA

Peixes é o signo do amor universal. O amor humano começa em Câncer no nível mais pessoal, como o amor da mãe ou da família ou qualquer coisa que o faça se sentir amado. É um amor que traz segurança pessoal ou que satisfaz sua necessidade de dar segurança aos outros. Em Escorpião, sua capacidade de amar se transforma através do sacrifício de sua própria autocentralização. Este ainda é um amor pessoal por outra pessoa ou pessoas, mas é também um amor maduro no qual não se depende do outro para sobreviver. Cada um contribui com uma parte no relacionamento. Isto é, este é o verdadeiro significado de Escorpião. Um Escorpião negativo atua num relacionamento para obter algo para si mesmo.

Se o amor de Câncer era muito apegado e não contribuiu para o crescimento pessoal e maturidade, a ferroada mortal de Escorpião afasta o objeto deste amor. Neste caso, Peixes pode trazer a destruição de nossas bases. Ou, o poder regenerativo de Escorpião pode, através de sua experiência "obscura", gerar a semente de possível vida nova em Peixes, o signo da "semente". Peixes então se torna o amor universal, não mais limitado ao indivíduo nem à motivação da emoção pessoal. Esta espécie de amor pode se dirigir a todas as pessoas, inclusive e especialmente, aos rejeitados pela sociedade. Esta experiência abrangente de amor permite que tenhamos fé nos outros, na humanidade ou em Deus, a ponto de nos comprometermos mais ou menos totalmente com qualquer doação que pareça ser exigida.

Ao mesmo tempo, esta abertura completa a todos os níveis de humanidade deixa o inexperiente Peixes (com um Saturno subdesenvolvido) muito receptivo a influências ilusórias ou enganosas de pessoas cujos motivos não sejam tão puros. Sendo tão receptivo, você é capaz de acolher e tornar parte de si mesmo qualquer coisa dentro de sua esfera de atividade. Uma das palavras-

143

chave de Peixes é desprendimento. A principal lição é compreender com compaixão mas recusar-se a aceitar o negativo a nível emocional ou tornar-se pessoalmente envolvido com ele.

Câncer representa lembranças passadas que estão guardadas e que são a base da personalidade. Escorpião representa lembranças mais profundas, contendo fortes energias psicológicas que não foram integradas na personalidade no atual nível. Em Peixes ainda existem outras lembranças inconscientes contendo a purificação da sabedoria obtida com as experiências de Câncer e Escorpião. Este não é um conhecimento filosófico ou religioso; é uma verdade interior vinda de níveis mais do que simplesmente conscientes. A característica deste conhecimento é sua qualidade universal — o fato de que outras pessoas finalmente chegaram às mesmas conclusões.

A posse da verdade definitiva, embora parcial, é a base para a receptividade de Peixes. Você sente, sem saber por que, que "esteve lá" e, do mesmo modo, responde à essência da poesia, música, arte e atos de dimensão não egoísta. Negativo ou positivo, você "compreende". A casa ocupada por Peixes mostra uma atividade ou área na qual lhe é "carmicamente" exigido que dê esta essência de sabedoria purificada através do amor. Este é um amor de auto-sacrifício, pois você não pode esperar nada de volta. Contudo, parece existir uma lei de causa e efeito que diz que o amor oferecido sempre traz mais amor de volta — "os iguais se atraem".

Todos já viram o quadro de Jesus parado diante de uma porta, esperando que seja aberta pois não há maçaneta do lado de fora. Peixes é a sua porta para a vida mais ampla, mas o Sol é *você*. *Você* deve se esforçar conscientemente. Obviamente, existem muitos casos de vocações, psiquismo, talento musical e matemático, etc., em que o superconsciente está ativo num nível diário, como um intruso no consciente pessoal, mas o esforço consciente não foi envolvido. Eles foram "invadidos" e sua atual consciência não pode integrar o conteúdo mais elevado à percepção total da personalidade e assim torna-se muito instável. Estes indivíduos muitas vezes identificam seu ego com suas realizações acima do normal. Você já ouviu a afirmação de que todos os gênios "são um pouco estranhos". Na verdade, eles não são personalidades completamente integradas e não o serão até que seu nível diário de consciência atue de maneira coerente no nível de suas personalidades mais elevadas. A despeito das aparências, as pessoas talentosas nem sempre são mais afortunadas do que o normal. Devemos declarar enfaticamente que quanto mais elevado o nível de

144

evolução, mais difíceis as decisões, as responsabilidades mais pesadas, maiores as perdas e mais se deve desistir a nível pessoal. Resumindo — uma verdadeira viagem pisciana.

A necessidade de Peixes é dissolver antigas cristalizações do ego construídas nos signos anteriores. Essas cristalizações de separação foram formadas pelo medo de perder esta separação e são descritas no capítulo a respeito de Capricórnio. A sabedoria do amor acumulado de Peixes deseja dissolver o medo de se apoiar nelas e de superar a separação. Portanto, na casa de Peixes o *self* mais elevado exige um compromisso com o futuro, embora incerto, amedrontador e destruidor do ego. Ao mesmo tempo, ela oferece a fé para enfrentar o desconhecido, ativado pela experiência de Netuno.

Não há recompensa material nesta libertação do passado, e muitas pessoas não conseguem ver a importância de fazê-lo. De muitas maneiras, as exigências da casa de Peixes realmente parecem psicologicamente amedrontadoras. Como conseqüência, Peixes é um signo associado ao escapismo. Esta é apenas uma reação negativa daqueles que não estão harmonizados com a vibração. Por exemplo: com Peixes na 4ª casa, você pode se sentir aprisionado ao seu lar por um período de tempo; pode passar este tempo sentindo pena de si mesmo, ou entrar em contato com seu próprio centro. Todos os indivíduos com Peixes na 4ª casa precisam construir suas bases num nível mais profundo do que o que lhes foi dado pela família, educação e cultura.

Embora, num determinado nível, Peixes traga a mais dolorosa sensação de confinamento, quando finalmente conseguimos a chave de sua realidade plena, não existe mais nenhum caminho no qual possamos ficar confinados ou dependentes. Peixes pode se expandir no universo a partir do menor lugar.

NETUNO ("o dissolvente universal") é a chave para esta expansão, mostrando as cristalizações que precisam ser dissolvidas para se alcançar os compromissos necessários em Peixes. Netuno é o impulso inconsciente para transcender as atitudes e qualidades representadas pelo signo que ocupa. Estas são atitudes mantidas nas experiências da casa que ele ocupa e sempre contém algumas antigas cristalizações do ego que precisam ser dissolvidas. Por exemplo, Neturno na 7ª casa:

> Antigas atitudes egocêntricas de superioridade intelectual estão sendo dissolvidas através de sociedades. Se o indivíduo estiver respondendo negativamente a Netuno, será apanhado nas ilusões

e respeito de sua intelectualidade, que o parceiro irá dissolver continuamente e sutilmente. Muitas vezes, esta pessoa inconscientemente atrai parceiros com problemas físicos ou psicológicos, para que possa servi-los, salvá-los ou sacrificar-se por eles. Em vez de dissolver o ego, coloca-os num lugar de superioridade! Sob condições positivas, o impulso para dissolver os limites do ego através de relacionamentos torna-se uma situação de "os iguais se atraem", onde o amor é oferecido sem necessidade pessoal de retorno e é recebido como uma oportunidade para o crescimento espiritual.

Na casa de Netuno, com freqüência você se encontra envolvido na ilusão e tem dificuldades para distinguir-la da realidade. Ao mesmo tempo também existe um profundo senso de obrigação. Você pode sentir pressão para se perder na experiência da casa. Isto não significa perder o controle consciente, e sim, a necessidade de perder a autocentralização das atitudes do signo. A ilusão pode fazer com que você permita que alguma coisa literalmente o destrua para viver um ideal falsamente baseado, quando deveria estar usando sua polaridade de discriminação de Virgem. Peixes deveria estar lhe ensinando a respeito de realidades mais amplas e tornando-o parte delas.

Atingir a medida desta consciência mais ampla o coloca em contato com a mente superconsciente de Peixes e suas verdades universais. Esta é a fonte de toda verdadeira imaginação criativa. Então, na casa de Netuno você verá as coisas em termos de uma realidade maior e não de uma ilusão aumentada. Você traz esta nova consciência de volta à casa de Peixes para ser usada a serviço de seu compromisso.

Os aspectos com planetas pessoais no mapa são chaves importantes sobre o modo como você canaliza sua criatividade. Aspectos com Vênus sugerem habilidades artísticas ou musicais; com Mercúrio, talentos literários ou sintéticos; com a Lua, cuidados e compaixão; com o Sol, integração da consciência espiritual e imaginação ao propósito pessoal. Os aspectos com Marte sugerem que você canaliza sua imaginação através de suas ações e desejos pessoais. Entretanto, um aspecto difícil de Netuno com um planeta pessoal sugere que alguma coisa ligada ao planeta lhe é negada para que você a procure num outro nível.

NETUNO RETRÓGRADO mostra circunstâncias ou pessoas que o forçam a deixar a ilusão e encontrar uma realidade mais sólida. Em algum lugar de seu passado seus ideais e fé eram baseados na ilusão, ou talvez você não tivesse nenhuma. Agora você precisa reconstruir esta base numa realidade mais elevada. Você pode tirar a máscara das falsas idéias religiosas (9ª casa), falsas imagens de autoridade (10ª casa), falso conhecimento adquirido na educação anterior (3ª casa), falsos valores materiais (2ª casa), etc. Desde que um planeta inconsciente é ainda mais inconsciente quando retrógrado, o processo é difícil de se definir. Geralmente os dados surgem através de sonhos, visões, etc., isto é, enquanto você se encontra num estado "inconsciente", como dormindo ou em estado hipnótico. Geralmente você não tem contato direto com os dados de Peixes que estão disponíveis quando ele não é retrógrado. Os dados muitas vezes surgem na forma de símbolos, mesmo quando Netuno é direto, e assim isto oculta ainda mais o significado. Tudo isto está dizendo que são necessários um esforço considerável e vontade consciente para integrar as experiências no *self* total. Os símbolos dos sonhos podem ser uma forma de guia na obtenção de uma nova base para os ideais, mas, a menos que você esteja atuando muito positivamente e consciente, eles simplesmente o confundirão. Netuno rege a atividade psíquica, e quando retrógrado, pode sugerir transes mediúnicos ou outras formas de psiquismo inconsciente, mas a pessoa precisa estar bem integrada para lidar com este tipo de expressão. Quadraturas com planetas pessoais, especialmente a Lua, são avisos dos perigos de se usar os dons psíquicos indiscriminadamente.

ASPECTOS COM OS OUTROS PLANETAS mostram como o conhecimento coletivo ou a sabedoria do superconsciente estão afetando as outras funções de personalidade. Por exemplo: *A sabedoria coletiva está moldando:*

O Sol — seu propósito consciente, expandindo a consciência ao dissolver a autocentralização.

A Lua — suas respostas emocionais, dissolvendo hábitos e dependências passadas para construir a "imagem da mãe" num nível coletivamente mais significativo.

Mercúrio — suas atitudes pessoais e conceitos mentais, abrindo sua percepção para o que está além dos fatos.

Vênus — seus valores pessoais e impulsos receptivos, poder de amor, trazendo relacionamentos que ampliam os valores ou dissolvem relações sem sentido para encontrar outras que sejam mais espirituais.

Marte — seus impulsos físicos naturais, transformando-os para que você possa utilizar a energia de Marte para propósitos mais coletivos.

Júpiter — suas atitudes éticas e o conceito de Deus, dissolvendo-as para que possam ser ampliadas.

Saturno — o ego socialmente condicionado, dissolvendo-o para ampliar seus limites e torná-lo menos separativo.

Urano — a função intuitiva, dissolvendo antiga atividade rebelde e suprindo a originalidade com inspiração.

NA DÉCIMA SEGUNDA CASA você constrói a força interior para superar todas suas limitações, tristezas, medos e dependências. Estas limitações estão relacionadas a todas as outras onze casas, mas aparecem ligadas à 12ª casa quando estão prontas para serem superadas. Isto poderia ser mostrado no mapa quando os regentes de diversas casas transitam ou progridem através da 12ª casa, ou quando um planeta ocupa a 12ª casa no mapa natal. O signo na cúspide da 12ª casa representa uma atitude e uma necessidade que precisam ser superadas de algum modo. A posição do regente mostra a experiência necessária para fazê-lo. Mostra também uma função envolvida nos esforços para superar o "carma". Uma pessoa com o regente da 12ª casa apenas com aspectos fáceis, achará esta função muito útil em todos os problemas cármicos.

Na 12ª casa o pessoal precisa se adaptar ao coletivo. Tudo que foi usado de modo impróprio ou não foi usado nas onze casas anteriores volta para se alojar na 12ª casa. Por este motivo ela é chamada de casa da autodestruição, tristeza, confinamento, inimigos secretos e instituições. Todos nós tiramos alguma coisa da sociedade em muitos níveis e tudo que tiramos deve ser restituído. (Em alguns casos, a sociedade talvez nos deva alguma coisa.) Aqueles que tomaram de modo egoísta ou às custas dos outros, têm uma dívida maior e o pagamento será exigido, enquanto outros podem achar que esta casa lhes oferece a satisfação de dar algo aos menos afortunados.

Esta também é a casa da busca pela verdade máxima, pela beleza e bondade através da experiência interior, onde encontramos a unidade da alma com Deus ou com a humanidade. Negativamente isto pode significar a unidade que encontramos numa instituição mental ou prisão onde todos se vestem igual, são tratados de modo igual e forçados a se comportar da mesma maneira. É interessante notar que uma freira, um soldado, uma enfermei-

148

ra ou um padre encontram uma experiência semelhante. Este modo de viver implica numa perda de identidade pois a expressão positiva da 12ª casa é capaz de saber seu lugar neste plano maior de coisas sem perder sua própria autoconsciência.

O interno de um hospital para doenças mentais realmente perdeu sua identidade. Muitas destas pessoas tinham uma sensiblidade psíquica que as deixou receptivas a influências coletivas (Netuno) quando não tinham uma consciência desenvolvida (Sol/Saturno) para apoiá-las ou integrá-las. Freiras e padres desistem até mesmo de seus nomes (identidade), assim como de grande parte de sua individualidade exterior e muitos se esforçam pelo menos uma vez em suas vidas para permanecerem conscientes de sua própria individualidade interior, integrando-a ao ideal coletivo em termos de compromisso pessoal.

Uma pessoa que tenha abusado das leis é levada a situações semelhantes no sistema presidiário. Se tiver um ego forte, a experiência poderia dissolver um pouco do egoísmo autocentrado e da separação, forçando-a a ficar numa posição onde precisa ver a si mesma como um entre muitos. Se tiver um ego fraco, provavelmente cometeu seu crime por influência coletiva como uma supercompensação para um sentimento de inadequação pessoal. Esta situação poderia criar mais autopercepção, seja através do desconforto ou ao ser forçada a assumir responsabilidades com os outros, que obviamente não são melhores do que ela. Para a pessoa com um ego fraco, um senso de valor próprio como parte do todo maior deveria ser encorajado. Em vista destas verdades reveladas pelos significados astrológicos, parece importante que os encarregados de prisões considerem estes dois tipos básicos de pessoas aos seus cuidados, quando forem planejar seus programas.

Uma enfermeira e um médico enfrentam um anonimato semelhante. As enfermeiras em seus uniformes brancos evocam imagens coletivas do tipo "anjo curador" como Florence Nightingale, que oculta sua verdadeira individualidade. Os médicos raramente são chamados por seus nomes — "O doutor irá vê-lo agora", "O doutor não está", "O doutor explicará tudo para você". Os médicos precisam de uma forte autoconsciência para manter seu compromisso pessoal, e uma consciência total muito ampla para compreenderem as necessidades dos pacientes sem se tornarem excessivamente envolvidos ou "inundados" por eles.

Todos estes exemplos ilustram graficamente uma lei básica. Na 12ª casa você atua com a sociedade, contra ela ou está perdido nela. Se realmente deseja estar com ela, precisa dar e receber;

deve equilibrar e integrar o pessoal com o coletivo e saber o que é seu e o que não é. Se Peixes é a sabedoria do passado, a 12ª casa é onde você dá esta sabedoria abrindo espaço para que a sabedoria maior e a iluminação possam fluir. As pessoas da 12ª casa — prisioneiros, médicos, padres, soldados — estão todos usando máscaras e todos contribuem para o todo maior através da atividade coletiva ou estão se tornando um fardo através dos males da sociedade. Mesmo que você não esteja em nenhum destes papéis, uma parte de você também pertence à 12ª casa e a Peixes. Você tem seus problemas, tristeza, limitações que podem fazê-lo perceber que é uma parte da humanidade e desejar ajudar aqueles que também estão limitados. Quando encontrar o compromisso profundo da 12ª casa e Peixes, irá diretamente para as experiências de renascimento em Áries...

22

ÁRIES - EU RENASCI

Se você sobreviveu à jornada na escuridão de seu próprio ser para descobrir o "deus interior" e dedicou-se ao desconhecido maior, então você surgiu com uma nova identidade. Agora, tem o conhecimento e a sabedoria de toda esta experiência passada e pode vivenciar seu papel de Plutão num nível *consciente* através de sua casa de Áries. Sua identidade de Áries não é mais o separativo "Eu sou". Você tornou-se conscientemente uma parte do todo mais amplo, de modo muito mais profundo do que quando iniciou a jornada.

Com Saturno, você construiu limites do ego. Com Urano, os ultrapassou. Permitiu que Netuno os dissolvesse para que pudesse conhecer "a semente de Deus" de Plutão. Esta semente tornou-se a nova identidade. Sua identidade renascida está receptiva às novas idéias de Áries que se originam de um reino mais elevado e o inspiram a agir de maneira nova e encontrar direção na casa regida por este signo. Tudo isto conduz à projeção de uma imagem completamente nova na primeira casa, uma nova imagem interior positiva na quarta casa, uma nova imagem nos relacionamentos na sétima casa e uma nova imagem social na décima casa — SE você continuar permitindo que o princípio da espiral continue trabalhando entre os signos e as casas.

Agora você está apto a responder novamente às 12 perguntas feitas no início deste livro. Seu mapa contém as respostas, mas para vivenciá-las você precisa estar em contato com o *Self*, que está formulando as perguntas...

QUEM É VOCÊ?
(A Espiral da Vida)

1. (♈) Você sabe quem é você?
2. (♉) Sabe em que baseia seu valor próprio?
3. (♊) Está aprendendo com suas experiências diárias?

***

4. (♋) Se respondeu "sim" a estas três perguntas, então é capaz de estabelecer uma base pessoal estável e uma sólida auto-imagem.
5. (♌) Você expressa suas emoções através de atividades criativas?
6. (♍) Está querendo se ajustar ao mundo exterior através do uso prático de seu conhecimento?

***

7. (♎) Se for assim, você pode se relacionar bem num nível interpessoal e atuar harmoniosamente em relacionamentos igualitários.
8. (♏) Você deseja controlar desejos centrados no ego por respeitar outras pessoas em sua vida?
9. (♐) Você está tentando aumentar seu conhecimento, buscando uma compreensão mais ampla da vida através de suas experiências sociais? Pode compreender um ponto de vista mais amplo?

***

10. (♑) Se for assim, você pode estabelecer bases sólidas e através delas atuar a nível social ou obter uma imagem social.

11. (♒) Você está buscando consciência social ou de grupo através da expessão compartilhada e experiências humanitárias?
12. (♓) Você deseja se comprometer com as coisas em que acredita, mesmo que isto exija sacrifício pessoal?

***

Então você está pronto para uma experiência surpreendente...
Uma nova vida está começando!!

ORIENTAÇÕES PARA INTERPRETAÇÃO DO MAPA

23

OS ELEMENTOS & QUALIDADES

No início da interpretação, é importante avaliar o equilíbrio entre os elementos. Por exemplo, podemos ver se uma pessoa tem número suficiente de signos de ar em ação para lidar com o lado material da vida, ou signos de terra em número suficiente para estabilizar sua atividade mental e criativa. Signos de fogo em ação são importantes para estimular a atividade dirigida a uma meta, o que equilibra o elemento da água. Grande quantidade de água nos prende ao passado e domina o entusiasmo através de temores e limitações. Com pouca água, a compaixão e as estruturas emocionais subjacentes podem ser inadequadas para apoiar as atividades dirigidas à meta, características dos signos de fogo. Podemos equilibrar, de maneira semelhante, o fogo com a terra, o ar com a água, o fogo com o ar e a terra com a água.

Tradicionalmente, o número 3 é o número do espírito. Dividir os doze signos por três resulta nos quatro elementos. Os relacionamentos (isto é, aspectos) entre os três signos em cada elemento mostram o seu potencial para viver de modo criativo. Os astrólogos espirituais diriam que estes aspectos indicam seu desenvolvimento espiritual, que agem como uma sustentação para a vida. Trígonos e Grandes Trígonos entre planetas num mesmo elemento mostram que sua criatividade e capacidade de expressão estão bem desenvolvidas. Trígonos em diversos elementos podem agir de maneira forte e criativa mas provavelmente de modo mais complexo.

Os três *signos de água* representam três níveis do *passado*.

CÂNCER — o passado recente das lembranças.

ESCORPIÃO — o passado profundo e oculto do subconsciente.

PEIXES — os valores acumulados e purificados de todas as experiências passadas.

Os três *signos de fogo* representam o *futuro* potencial da personalidade.

ÁRIES — ação que conduz à percepção da identidade.
LEÃO — esforçando-se para expressão da personalidade.
SAGITÁRIO — buscando a socialização da personalidade.

Os três *signos de terra* mostram os recursos produtivos da personalidade no *presente*.

TOURO — recursos do *self*.
VIRGEM — utilização proveitosa dos recursos.
CAPRICÓRNIO — utilização social produtiva dos recursos.

Os três *signos do ar* mostram a atividade intelectual da personalidade no *presente*.

GÊMEOS — conhecimento pessoal e idéias.
LIBRA — conhecimento e idéias compartilhados.
AQUÁRIO — conhecimento e idéias universais.

COMBINANDO SIGNOS E CASAS

Signos de Água (Câncer, Escorpião, Peixes) — o passado Signos do Fogo (Áries, Leão, Sagitário) — o futuro Signos de Terra (Touro, Virgem, Capricórnio) — o presente Signos de Ar (Gêmeos, Libra, Aquário) — o presente
Casas Angulares (1, 4, 7, 10) representam o presente. Casas Sucedentes (2, 5, 8, 11) representam o futuro. Casas Cadentes (3, 6, 9, 12) representam o passado.

Quando você lida com o passado inconsciente (signos de água), as metas futuras (signos de fogo) e as habilidades atuais (signos de terra) presentes no mapa, e começa a sintetizá-los ao considerar as cúspides da casa que ocupam, imediatamente se torna consciente das aparentes contradições. Você encontra um signo representando o passado numa casa que se relaciona ao futuro (sucedente). Na verdade, os signos que correspondem às casas num mapa natural são contradições em si mesmos.

Lembrando que os signos de água representam o passado,

fogo o futuro e água e ar o presente, consideremos a idéia de que as quatro casas angulares, que são naturalmente regidas por signos de cada elemento — 1-fogo (futuro), 4-água (passado), 7-ar (presente), 10-terra (presente) — representam o *presente*. A mesma situação existe com as casas sucedentes do futuro e as casas cadentes do passado. Na medida em que relacionamos as casas com os signos e seus elementos, temos, por exemplo, as "Casas da Vida" (1, 5, 9) que correspondem aos signos de fogo:

1ª casa — autoconsciência presente (angular) afetando a identidade futura (Áries).

5ª casa — *futura* expansão de si mesmo (sucedente) afetando as metas futuras para a auto-expressão (Leão).

9ª casa — filosofias *passadas* ou crenças religiosas (cadente) afetando a compreensão e aspirações futuras (Sagitário).

Esperamos diminuir um pouco desta confusão com o material que apresentamos a seguir, que é como alimento para o pensamento e uma nova maneira de combinar casas com signos, implícita neste relacionamento desde o princípio, mas que nunca foi expressada. A seguir mostramos uma lista de palavras-chave para casas e signos que podem ser combinadas de acordo com seu próprio mapa. Você verá que as experiências de cada casa serão afetadas por atitudes e necessidades presentes, passadas e futuras. Observamos que estes relacionamentos entre casa/signo apresentam um conteúdo interessante a respeito da vida passada e você deve se estender mais na compreensão destas frases-chave.

♈ Sua necessidade para estabelecer uma identidade futura através de novas atividades está influenciando...

(1) seu atual nível de autoconsciência.

♉ Sua atual necessidade de ser produtivo e estabelecer valores pessoais está afetando...

(2) seu futuro potencial para formar recursos e um valor próprio mais sólido.

♊ Sua atual necessidade de conhecimento e a capacidade de usar a razão está afetando...

(3) o uso de conhecimento obtido de contatos passados.

♋ Sua necessidade de segurança emocional e uma identidade firme baseada em experiências passadas está afetando...

♌ Seu potencial para futura realização do ego através da expressão de sua identidade está afetando...

♍ Sua atual necessidade por produtividade mental está afetando...

♎ Sua atual necessidade por um intercâmbio harmonioso está afetando...

♏ O poder inconsciente do desejo estimulando o impulso por envolvimentos profundos baseado no passado está afetando...

♐ Sua necessidade de compreensão futura e princípios obtidos através de contatos mais amplos está afetando...

♑ Sua atual necessidade por uma identidade social a respeito da sociedade está afetando...

♒ Sua atual necessidade por consciência social através da capacidade de se libertar de atitudes estruturadas está afetando...

♓ Sua receptividade e realidades mais elevadas e à lembrança da alma baseada no passado está afetando...

(4) suas bases emocionais no presente ou a auto-imagem inconsciente.

(5) seu futuro potencial por auto-reconstituição através de formas criativas de libertação.

(6) Seus ajustes pessoais com o passado através de responsabilidades habituais satisfatórias

(7) seus atuais relacionamentos pessoais que necessitam de cooperação.

(8) seu potencial de regeneração futura do ego.

(9) o modo de usar as filosofias passadas e a expansão pessoal.

(10) sua imagem social atual e sua reputação.

(11) suas futuras ligações sociais e a satisfação das metas de vida.

(12) sua capacidade para transcender as limitações ou o carma do passado.

AS TRÊS QUALIDADES

É nas *qualidades* dos signos e suas casas correspondentes que podemos ver outro exemplo da atuação da espiral. O número 4 é o número de Saturno, do homem, da encarnação ou do mundo material. Dividindo os signos e casas por quatro criamos as qualidades *cardinais*, *fixas* e *mutáveis*, que correspondem às casas *angulares*, *sucedentes* e *cadentes*. Cada signo tem uma necessidade que se completa através das experiências representadas pela casa em que se encontra. A satisfação destas necessidades conduz a um maior desenvolvimento das posições da casa dos signos no mapa natural.

OS SIGNOS CARDINAIS mostram o potencial de conhecer a si mesmo. Como mencionamos no "Digested Astrologer" vol. 1, os signos cardinais estão ligados à atividade física no mundo exterior, cada signo em seu próprio nível. Esta atividade permite que os indivíduos estabeleçam sua identidade e assim, conheçam a si mesmos. AS CASAS ANGULARES mostram *quem* é você, na medida em que os signos que ocupam as casas angulares descrevem as quatro "imagens" básicas da personalidade — auto-imagem consciente (1ª), auto-imagem inconsciente (4ª), imagem relativa (7ª) e imagem pública (10ª). Assim, temos:

ÁRIES — identidade pessoal contribuindo para...
1ª CASA — auto-imagem consciente (como você vê a si mesmo).
CÂNCER — base da identidade contribuindo para...
4ª CASA — auto-imagem inconsciente.
LIBRA — realização da identidade contribuindo para...
7ª CASA — imagem relativa (como você vê a si mesmo nos outros e através deles).
CAPRICÓRNIO — estabelecimento social da identidade contribuindo para...
10ª CASA — imagem pública.

OS SIGNOS FIXOS mostram seu potencial para se estabelecer através de atividade produtiva e dos resultados obtidos. Eles representam o resultado e o apoio dos signos cardinais. CASAS SUCEDENTES mostram o que você é de acordo com seus valores. Assim, temos:

TOURO — produtividade do *self* contribuindo para...

2.ª CASA — valor pessoal.
LEÃO — consciência do ego contribuindo para...
5.ª CASA — criatividade pessoal.
ESCORPIÃO — produtividade conjunta contribuindo para...
8.ª CASA — recursos conjuntos.
AQUÁRIO — percepção social contribuindo para...
11.ª CASA — atividade em grupo.

OS SIGNOS MUTÁVEIS mostram seu potencial de adaptação às coisas externas (cardinais) através da compreensão dos signos cardinais e fixos anteriores. CASAS CADENTES mostram seu nível de auto-adaptação através da atividade mental. Assim, temos:

GÊMEOS — conhecimento concreto e idéias contribuindo para...
3.ª CASA — adaptação ao meio ambiente.
VIRGEM — utilização proveitosa do conhecimento contribuindo para...
6.ª CASA — adaptação aos outros indivíduos.
SAGITÁRIO — conhecimento abstrato contribuindo para...
9.ª CASA — adaptação aos relacionamentos sociais.
PEIXES — sabedoria universal contribuindo para...
12.ª CASA — adaptação a relacionamentos ainda mais amplos (o coletivo, Deus, etc.).

24

SUGESTÕES PARA INTERPRETAÇÃO

As CASAS mostram áreas de experiências de vida e representam os ciclos de individualidade desempenhados no mundo exterior. Os SIGNOS nas cúspides das casas indicam as qualidades destas experiências ou seu nível de crescimento. Em outras palavras, os signos representam as necessidades psicológicas e as atitudes referentes às experiências das casas.

Os PLANETAS REGENTES indicam outras experiências de vida, em que você busca satisfazer as necessidades das casas que eles regem. Portanto, as casas regidas pelos planetas estão intimamente ligadas às atividades das casas que eles ocupam, na medida em que parecem mostrar o *propósito* da atividade.

A CÚSPIDE de uma casa pode ser comparada a uma porta. As condições definidas pelo planeta regente são a chave que abrirá a porta. Através de suas experiências, mostradas pelo signo, casa e aspectos, você está apto a satisfazer a necessidade do signo que se encontra na cúspide.

Os próximos passos para compreendermos cada função da personalidade (planetas) devem ser considerados quando fazemos as doze perguntas básicas a respeito de nossa vida.

1. POSIÇÃO DA CASA: A posição do planeta por casa mostra onde sua função atua de modo mais forte. A casa descreve a atividade nas quais a função é mais sensível, e indica o que está se desenvolvendo ou sendo estimulado com a presença do planeta.

2. POSIÇÃO DO SIGNO: a posição do signo do planeta descreve as qualidades que está expressando e as atitudes subjacentes que caracterizam a sua ação. Descreve as necessidades psicológicas que precisam ser satisfeitas para um funcionamento perfeito.

3. CASA(S) REGIDA(S) PELO PLANETA: a(s) casa(s) regi-

163

da(s) pelo planeta indica(m) uma área de vida onde o planeta pode encontrar a realização das atividades e necessidades da casa que ocupa. O planeta está se movendo para obter experiência na casa que ocupa, para satisfazer as necessidades da casa que rege.

(*Nota*): Planetas que regem dois signos encontrarão a realização em duas áreas de vida diferentes e em dois diferentes níveis, como descritos pelos signos. Por exemplo: Mercúrio reúne informação na casa que ocupa, de acordo com a natureza da posição de seu signo, levando-a de volta para a casa de Gêmeos. Ele também classifica este conhecimento para que possa ser utilizado de modo prático na casa de Virgem.)

4. DISPOSITORES: o dispositor (regente do SIGNO que o planeta ocupa) define, por casa, signo e aspecto, como o planeta pode expressar as qualidades de seu signo.

5. REGENTE DA CASA: o regente da casa que o planeta ocupa descreve os limites físicos dentro dos quais o planeta deve atuar. O planeta é forçado a agir nas condições descritas pelo regente da casa. Por exemplo, um Sol de Câncer ocupando a casa regida por Gêmeos precisa desenvolver as emoções dentro de uma estrutura intelectual. Se o regente da casa, Mercúrio, estiver na 7ª casa, outras pessoas teriam um papel importante na realização do potencial do Sol. Na verdade, a capacidade de trabalhar em cooperação com os outros num nível intelectual seria o fator determinante para a satisfação das necessidades emocionais (Câncer).

6. *STELLIUMS* POR CASA: um grupo de planetas em determinada casa mostra uma ênfase neste tipo de experiência. As atividades da casa são necessárias para satisfazer as necessidades das casas regidas por cada planeta.

7. *STELLIUMS* POR SIGNO: um grupo de planetas em um dos signos do zodíaco enfatiza a necessidade do signo. O planeta regente assume maior responsabilidade, uma vez que todos os planetas do *stellium*, de algum modo estarão dependentes de sua função para apoiar sua ação. Portanto, se o planeta regente estiver bem aspectado enquanto os planetas ocupantes estão sob tensão, os problemas que surgem na casa podem realmente se originar em outra área de vida, descrita pelas casas dos planetas ocupantes. Um regente sob tensão jun-

tamente com planetas bem aspectados ocupando sua casa, pode exibir condições externas que contribuem para o seu desenvolvimento. *Contudo*, até que o regente comece a atuar de modo construtivo, sua função estará limitando a realização procurada nas casas regidas pelos planetas ocupantes.

8. FASES DE RELACIONAMENTO ENTRE PLANETA E REGENTE: a fase de relacionamento entre o planeta e o planeta regente da casa que ocupa mostra como o planeta irá lidar com os limites impostos pelo regente. Se estes dois planetas formarem aspecto, estas experiências serão ativadas e o aspecto mostrará a facilidade ou a dificuldade para se expressar.

9. PARTE DE EXPRESSÃO DO PLANETA E REGENTE DA CASA: a Parte de Expressão das funções combinadas mostrará onde o significado da fase será mais fortemente vivenciado. O signo em que se encontra indicará o modo singular de este indivíduo expressar o propósito da fase.

10. ASPECTOS COM OUTROS PLANETAS: aspectos com os outros planetas ou de outros planetas indicam quais outros impulsos da personalidade (planetas) ajudam, dificultam ou desafiam a ação do planeta e, portanto, onde existe mais energia atuando. O tipo de energia é mostrado pelo aspecto. Se estiver formando aspecto com um planeta mais rápido, sua função formará os impulsos e a ação do planeta mais rápido. Caso forme aspecto com um planeta mais lento, este estará moldando a expressão dos outros e, assim, terá uma forte influência em suas funções.

OUTRAS COISAS A SE CONSIDERAR

SIGNOS INTERCEPTADOS: quando encontramos um signo interceptado, também encontramos duas casas consecutivas com signos duplicados nas cúspides (sagitário na 11ª e 12ª casas e Gêmeos na 5ª e 6ª, com Virgem e Peixes interceptados na 2ª e 8ª). Os signos interceptados representam uma demora na expressão da qualidade descrita pelo signo e, portanto, fazem com que a satisfação da necessidade descrita demore mais. Os signos duplicados geralmente são enfatizados devido a problemas não resolvidos do passado. A casa com o menor grau indica o problema do passado e a casa com o maior grau mostra como o problema está atuando no aqui e no agora. Como a casa com o menor grau está num relacionamento da 12ª casa com a casa seguinte, a consciência do problema referente ao passado raramente está presente. Somente quando as experiências dos dois pares de planetas duplicados forem buscadas e suas necessidades parcialmente realizadas, as qualidades dos signos interceptados se revelarão numa expressão mais consciente.

PLANETAS RETRÓGRADOS: As ações dos planetas retrógrados muitas vezes são tão invertidas quanto seu movimento aparente. Os planetas pessoais (Mercúrio até Saturno) regem dois signos. Sabemos que em seu movimento direto normal, estes planetas atuam de modo paralelo à progressão do primeiro signo regido até o último. Mercúrio reúne e comunica o conhecimento de diversas experiências (Gêmeos), depois analisa o conhecimento e torna-o proveitoso (Virgem). Quando Mercúrio está retrógrado, o processo de análise e discriminação de Virgem é experienciado antes que o conhecimento possa ser comunicado à maneira de Gêmeos. Como a pessoa com Mercúrio retrógrado leva toda informação para dentro e a relaciona com sua própria vida pessoal, freqüentemente se prende a detalhes.

Este mesmo conceito parece se aplicar aos outros planetas pessoais, assim como a Plutão, devido à sua regência sobre Escorpião e Áries. O planeta retrógrado assume, ou enfatiza, a qualidade do último signo que rege — ele precisa aprender em primeiro lugar, a lição do último signo. Por exemplo, Marte retrógrado reprime os desejos (Escorpião) para reconstruir a natureza do desejo. Vênus retrógrado muitas vezes reprime sentimentos para reconstruir os valores pessoais.

Nunca subestime o poder de um planeta retrógrado. Embora os planetas retrógrados muitas vezes signifiquem experiências difíceis no início da vida, eles apresentam uma oportunidade para estabelecer sua própria singularidade sofrendo pouca influência externa. Uma vez que a função da personalidade não atua de modo considerado "normal" pelos outros no antigo meio ambiente, você é forçado a se voltar para dentro e a reconstruir as bases para um novo tipo de expressão que seja adequada à sua própria personalidade.

O dispositor do planeta retrógrado mostrará algumas causas da condição reprimida do planeta. Os aspectos mostram facetas da personalidade ligadas às bases que você está construindo. Aspectos difíceis (conjunções, quadraturas e oposições) de planetas mais lentos com o planeta retrógrado mostram outras funções da personalidade que forçam o planeta a se reavaliar. Aspectos fáceis mostram outras funções que sustentam o processo. Um aspecto com o regente da casa ocupada pelo planeta retrógrado mostra a facilidade ou dificuldade para construir bases. Um aspecto com o dispositor do planeta retrógrado mostrará a facilidade ou dificuldade para desenvolver o novo nível de expressão da qualidade do signo. Como os signos interceptados, os planetas retrógrados demoram para atingir a expressão consciente plena. O processo de internalização e reconstrução de bases permite que a expressão surja mais tarde de modo completamente "individualizado".

RECEPÇÃO MÚTUA: quando dois planetas estão em recepção mútua (por exemplo: Lua em Gêmeos e Mercúrio em Câncer), cada um deles deseja satisfazer sua necessidade através das atividades do planeta que ocupa seu próprio signo, com o qual está em recepção mútua. Há um duplo estímulo em ação quando os planetas estão neste tipo de relacionamento. Eles trabalham igualmente para satisfazer as necessidades de suas casas, criando um grande potencial.

O DISPOSITOR FINAL de um mapa é um planeta que finalmente dispõe da maior parte ou de todos os outros planetas. Isto será feito através dos planetas em seu próprio signo enquanto estes planetas, por sua vez, dispõem ainda de outros planetas e assim por diante. (Por exemplo: Lua em Libra está à disposição de Vênus em Áries, que está à disposição de Marte em Capricórnio, etc.) Em alguns mapas, um planeta pode, desta forma, dispor todos os outros. Em outros mapas haverá três ou quatro grupos de dispositores e seus planetas. Um planeta que dispõe de todos ou quase todos os outros, provavelmente exercerá uma influência muito maior na personalidade. Recomendamos o livro de autoria de Thyrza Escobar, *Essentials of Natal Interpretation*, para maiores informações sobre a maneira de encontrar o dispositor e os diferentes esquemas de regência.

APÊNDICE

UM RESUMO PARA INTERPRETAÇÃO

I.   Quais os padrões gerais encontrados no mapa?
A. Qual o modelo visual ("balde", hemisférico, etc.)?
B. Existe ênfase num hemisfério?
C. Todos os planetas estão em signos de Áries a Libra?
C. Todos os planetas estão em signos de Libra a Áries?
D. Como estão representadas as qualidades e elementos?

II.   SOL — autoconsciência e a necessidade de "brilhar".
A. Onde está moldada a consciência? (casa)
B. Quais as qualidades que expessa? (signo)
C. O que a ajuda, dificulta ou desafia? (aspectos)
D. O que controla seu desenvolvimento? (dispositor)
E. Onde ela busca a realização? (Leão)

III.   LUA — Emoções e respostas baseadas no passado.
A. Onde você é mais sensível e receptivo devido ao relacionamento inicial com sua mãe? (casa)
B. Descreva as respostas emocionais e padrões de hábitos. (signo)
C. Quais os fatores que influenciam suas respostas? (aspectos)
D. O que controla suas respostas? (dispositor)
E. Onde suas emoções buscam realização ou segurança? (Câncer)

IV.   Os NÓDULOS LUNARES — Duas áreas opostas que mostram tensão como resultado da atividade da Lua e do Sol juntos, até que estejam integrados.
A. Onde existe uma atividade que permita que você tra-

ga alguma coisa para si mesmo a fim de ampliar sua consciência pessoal? (nódulo norte)

B. Onde existe uma atividade através da qual possa apresentar os resultados da atividade do Nódulo Norte à sociedade, mas onde você pode ser consumido caso não a leve para o Nódulo Norte? (Nódulo Sul).

V. ASCENDENTE — Sua abordagem à vida e sua autoconsciência.
A. Quais as atitudes básicas que está desenvolvendo na vida? (signo)
B. Quais as experiências que ajudam a revelar estas atitudes? (regente da casa)
C. Quais as coisas que se baseiam na autoconsciência? (aspectos)

VI. PARTES DA FORTUNA E DO ESPÍRITO — Onde a combinação de personalidade descrita acima (Sol, Lua, Ascendente) busca a felicidade e expressão? (Parte da fortuna.) Quais os valores sutilmente implícitos que qualificam esta busca? (Parte do Espírito.)

VII. MERCÚRIO — Capacidade para aprender, comunicar, analisar e tornar o conhecimento proveitoso.
A. Onde é formada a sua mente? (casa)
B. Como você aprende, etc.? (signo)
C. Qual seu objetivo ao obter conhecimento e comunicá-lo? (Gêmeos)
D. Onde você utiliza de modo prático o conhecimento? (Virgem)
E. Que fator da personalidade controla sua atividade mental? (dispositor)
F. Quais os fatores que a afetam? (aspectos)

VIII. JÚPITER — O impulso para se associar a relacionamentos que não os familiares e pessoais, para formar princípios para uma vida social.
A. Onde estão centradas estas associações? (casa)
B. Quais são suas atitudes e necessidades nas associações? (signo)
C. O que ajuda, dificulta ou desafia sua capacidade de se expandir através das associações? (aspectos)

D. qual o fator que controla o processo? (dispositor)
E. Onde você vai usar seus valores sociais para aumentar sua compreensão e ampliar horizontes? (Sagitário)
F. Onde isto contribuirá para que você esqueça a si mesmo no todo maior? (Peixes)

IX. FASE MERCÚRIO/JÚPITER — como você atua enquanto ser social. A Parte da Expressão mostra aonde.

X. MARTE — O impulso para agir nas bases do desejo pessoal.
A. Onde o desejo o estimula mais fortemente a agir? (casa)
B. O que caracteriza sua capacidade para iniciar a ação? (signo)
C. Quais os fatores que influenciam suas ações e de que modo? (aspectos)
D. Qual o fator que controla suas ações? (dispositor)
E. Onde seus impulsos de energia buscam satisfação pessoal? (Áries)
F. Onde seus impulsos de energia buscam satisfação do grupo? (Escorpião)

XI. VÊNUS — A capacidade para atrair e gostar das pessoas e das coisas.
A. Em que área de vida você está construindo valores materiais e pessoais? Quem ou o que você atrai? (casa)
B. Qual sua atitude diante do amor? (signo)
C. O que ajuda ou dificulta sua capacidade de amar? (aspectos)
D. O que o controla? (dispositor)
E. Onde esta capacidade encontrará satisfação no prazer material? (Touro)
F. Onde encontrará satisfação nos relacionamentos? (Libra)

XII. FASE MARTE/VÊNUS — Como funciona a natureza do desejo/valores. A Parte de Expressão mostra onde suas energias criativas atuam mais naturalmente.

XIII. SATURNO — Sua capacidade para encontrar um lugar na sociedade.
A. Onde as limitações e responsabilidades definidas pe-

171

lo relacionamento com o pai mostram o que você necessita para construir as bases com as quais agir em sociedade? (casa)

B. Como você constrói suas bases sociais? (signo)
C. Quais os fatores que auxiliam ou dificultam o processo? (aspectos)
D. Qual o fator que controla sua resposta ao exemplo de seu pai? (dispositor)
E. Onde seu desejo de obter respeito encontra realização? (Capricórnio)
F. Onde ele deseja se tornar mais universal? (Aquário)

XIV. FASE SATURNO/LUA — Atividade consciente do ego. FASE SATURNO/JÚPITER — Estabilidade social. FASE SATURNO/URANO — Criatividade social.

XV. URANO — O impulso em direção à percepção de forças universais que estão por trás de sua personalidade condicionada.

A. Quais as mudanças ou interrupções inesperadas que trazem esta percepção? (casa)
B. Que tipo de percepção elas trazem? (signo)
C. Quais os fatores que ajudam ou desafiam a expressão de sua criatividade interior? (aspectos)
D. O que controla sua expressão? (dispositor)
E. Onde este indivíduo interior ou *Self* elevado busca se completar ao fazer você se libertar de antigos padrões e aceitar o conhecimento novo, mais universal? (Aquário)

XVI. NETUNO — o impulso de perder a si mesmo no todo mais amplo.

A. Onde você destrói limites de ego para fazê-lo? (casa)
B. Quais as atitudes que necessitam ser superadas? (signo)
C. Quais os fatores que ajudam ou dificultam? (aspectos)
D. Qual o fator que domina este processo? (dispositor)
E. Onde o impulso encontra satisfação na compaixão, força interior, compromisso ou imaginação? (Peixes)

XVII. PLUTÃO — A compulsão inconsciente para se tornar *totalmente* envolvido com alguma coisa fora de si mesmo.

A. Onde os complexos ou bloqueios impedem o envolvimento, ou indicam energias ocultas que buscam alívio nas atividades sociais? (casa)

B. Que tipo de atitudes da personalidade necessitam se transformar? (signo)

C. Quais os fatores que ajudam ou dificultam o processo? (aspectos)

D. Quais os fatores que controlam o processo? (dispositor)

E. Onde o envolvimento total é colocado em prática? (Escorpião)

F. Onde você encontra uma nova identidade como resultado? (Áries)

leia também

VOCAÇÃO, ASTROS E PROFISSÕES
MANUAL DE ASTROLOGIA VOCACIONAL
Ciça Bueno e Márcia Mattos

A astrologia, neste livro de duas das mais conceituadas profissionais da área, se mostra uma ferramenta poderosa para auxiliar na identificação da verdadeira vocação. Um CD para que cada um faça a própria análise astrológica completa esta obra dirigida a jovens e adultos em busca do melhor caminho profissional.
REF. 20035　　　　　　　　　　ISBN 978-85-7183-035-6

ASTROLOGIA PARA ASTRÓLOGOS E AMANTES DA ASTROLOGIA
ENFOQUE MÍSTICO E CIENTÍFICO PARA O TERCEIRO MILÊNIO
Assuramaya

Neste livro, resultado de 50 anos de estudos, pesquisas e prática, Assuramaya compartilha suas descobertas com colegas de ofício e apresenta os fundamentos básicos da astrologia. Utilizando conhecimentos de astronomia, biologia, astrofísica e matemática, ele traz informações fundamentais e comentários de caráter filosófico.
REF. 20024　　　　　　　　　　ISBN 85-7183-024-X

OS NÓDULOS LUNARES
ASTROLOGIA CÁRMICA I
Martin Schulman

Descrição dos nódulos a partir dos signos e das posições das casas; um capítulo a respeito dos Nódulos, e um apêndice com as posições nodais.
REF. 20261　　　　　　　　　　ISBN 978-85-7183-261-9

PLANETAS RETRÓGRADOS
ASTROLOGIA CÁRMICA II
Martin Schulman

Uma visão diferente, que descarta o tradicional aspecto negativo atribuído aos retrógrados.
REF. 20295　　　　　　　　　　ISBN 85-7183-295-1

IMPRESSO NA
sumago gráfica editorial ltda
rua itauna, 789   vila maria
02111-031 são paulo   sp
tel e fax 11 **2955 5636**
sumago@sumago.com.br